松下幸之助の教訓

松下政経塾元塾頭
上甲晃
Joko Akira

致知出版社

まえがき

「知っているだけではあかん。できる人を育てるのや」。

松下政経塾の草創期、塾長・松下幸之助から繰り返し求め続けられてきたことだ。

「あなたは松下幸之助の教えを、よく知っておられますね」。それは決して褒め言葉ではないと、私は思ってきた。「あなたは松下幸之助の教えを、よく実践しておられますね」と言われて初めて、褒め言葉となる。〝知っている人より、できる人〟こそ、私のめざすべき目標だ。

新型コロナウイルス感染が拡大して、日本はおろか、世界中がおののき始めた時、松下幸之助の言葉が真っ先に、私の頭に浮かんできた。「志あれば、すべての困難は、発展のチャンス」の一言だ。コロナ感染拡大に伴い、社会活動は大幅に制限され、自由な行動が抑制される日々、「困った。困った」と頭を抱えていたのでは、松下幸之助から教えられた、「困難こそチャンス」との教えを知って

いる意味がない。

今こそ、「コロナ禍という困難をチャンスにする」教えを実践しなければならない。私は、終始、そのことを考え、求め続けてきた。「どうすれば、コロナ禍を生かすことができるか」「どうすれば、コロナ禍のおかげ」と言えるような生き方ができるかが、コロナ禍以来のテーマだった。

まず、「松下幸之助の求めたるを求める」ために、もう一度、松下幸之助思想の全貌を学び直すことにした。しかし、日本はもとより、世界中を自由に飛び回って活動してきた日々には、とても叶わない大作業だ。コロナ禍による外出自粛の日々は、松下幸之助の思想の全貌をじっくりと学び直すには最高の機会だった。

最初の外出自粛期間の百日間、若い頃に買い求めていた『松下幸之助発言集』（PHP研究所刊）全四十五巻を読破した。それは得難い機会になった。

松下幸之助は創業間もない頃から、自らの話をすべて記録してきたのには驚く。松下幸之助思想の全貌を探求するには、最高のテキストだ。おかげで、初めて「松下幸之助思想の全体像」を系統的に把握することができた。

爾来、コロナ禍が長引いたおかげだ。「困難を発展のチャンスにする」との教

えを実践する一つとして、今日まで、三度の読破を重ね、松下幸之助思想の全貌を把握した上、一冊の本にまとめることができたことは、大変ありがたいことである。

松下幸之助の教訓＊目次

第一章

人生に向かう態度

第二章

経営とは何か

第三章 人を育てる

第四章

成功と失敗の分岐点

第五章

人間を成長させるもの

第六章 未来のために何ができるか

第七章 日本人へのメッセージ

装幀――秦 浩司
本文デザイン――スタジオ ファム
編集協力――柏木孝之

第一章

人生に向かう態度

Key Sentence

1

神さんは偉いことをやったもんや

人間が世界じゅうに三十億いるんですよ。そしてだいたい顔の大きさというものは八寸、まあ八寸角といいますか八寸丸といいますか、そのまん中に鼻がぽんとあるんですよ。鼻の下に口があるんですよ、ほとんど全部そうですよ、（笑）鼻の上に口があったりするんであれば、あいつ変わっとるなというのが分かりますけれども、だいたい一緒ですわね。それが三十億、全部顔が違うということが分かるんですよ。これは私、偉大なことやと思うんです。

（『松下幸之助発言集』第11巻）

松下幸之助は、尋常小学校四年の中退だから、ほとんど学問らしい学問をしていない。その分、すべて自分の頭で考える癖がついたのだ。同じく小学校しか出ていない本田宗一郎さんは、「小学校出はよろしいわ。何も勉強してこなかったに等しいから、自分の頭でとことん考える癖がついた」と言った。松下幸之助の言葉を吟味していると、改めて、その独自な発想に驚くと共に、真理を突いていることに驚かされる。この文章も、その典型だ。

松下幸之助が経営の第一線にいた頃、新製品を発売する時には、発売前に必ずその決済をしていた。ある時、テレビをシリーズとして新発売することになった。トップの決裁を得るために、真っ黒いテレビが、大きさの順番にずらりと並べられた。

まず営業担当の専務が、「こうして黒いテレビが並ぶと墓石みたいに見えるな」と言った。説明していた技術の責任者が、「テレビに取り付ける部品の数は決まっています。それをこの狭い空間に配置すると、どうしても同じようなデザインになることは致し方ありません」と弁明した。

そこで松下幸之助が、「君、地球上の人口はいくらや?」と聞いた。テレビの

話からいきなり人口の話になり、技術の責任者は、それなりに答えた。「そうか、たくさんいるな」とうなずきながら、「人間の顔は、概して、テレビより面積が狭いわな。そこについている部品の数も、みんな一緒や」と答えが返ってきた。次の瞬間、松下幸之助は、「神さんは偉いデザイナーやな。こんな狭い面積の中に、同じ点数の部品を並べながら、全部デザインが異なる。大したもんや」と言った。デザイナーは、言葉を失ったのである。

理屈で考えれば、テレビのような狭い面積に同じ数の部品を並べれば、同じようなデザインになるのは致し方ない。確かにそのとおりである。しかし、わずか八寸の丸の面積しかない人間の顔は、当時であれば三十億人、今なら七十億人、全部異なるのだ。また、過去の歴史の中にも、まったく同じデザインの顔はなかったはずだ。これから先も、全部デザインが異なることは間違いない。理屈で考えれば、あり得ないことではあるが、神さんはそれをやってのけている。凄いことではないかと、気づくことが凄い。

顔が全部違う、心も違う、何もかもが違う。即ち、人間の一人一人は、他に代わりのいない〝かけがえのない存在〟なのである。もしも同じものが他にいくつ

もあれば、一人、二人がいなくなっても、いくらでも代わりがいる。しかし、代わりがいないことは、「あなたは、地球上のどこにも、また過去にも将来にも同じものが他にない、まことに大切な存在である。もし失われたら、二度とこの世に存在しない貴重な存在でもあるのだ」。だから、お互いを尊重し、大切にしなければならないのである。

もし、みんながそのことに気づいたら、自らの存在の不思議さとありがたさが、そして何よりも貴重な価値が分かるはずである。後にも先にも、私と同じ人間はこの世に存在しないし、今までも、これからも存在しない。まさに、人間はすべて、いや人間どころか、すべての命は、他に代わりのいない、かけがえない存在である。その価値に気がつけば、生き方がおのずと変わってくるはずだ。

Key Sentence

2

志を貫けば道は必ず開ける

一つの転機と申しますか、そういうときにあたって、いちばん何が大事かと申しますと、やはり志を崩さないことだと思います。困難に直面いたしまして「志ますます堅し」ということがございますが、何か困難に直面いたしまして、その困難に負けてくじける人もございます。しかし困難に遭っても志を変えず、ますます勇往邁進《まいしん》いたしまして、て、その困難を打開していこうという熱意をもったときには、そこからまたすばらしい知恵才覚というものが生まれるものだということを、私は私なりに自分の過去の体験によって教えられているのでございます。

（『松下幸之助発言集』第34巻）

この文章は、私にとって、まことに衝撃的だった。今現在、私が求めようとしている生き方の根本を、そのまま表現してあったからだ。かつて、この言葉に出会っていたから今日の私の考え方があるのか、たまたま偶然の一致か、今となっては分からない。ただ、私が今現在、求めようとしている生き方は、まさにこのとおりである。

私が、人生の中で、『志』を意識し始めたのは、明らかに松下政経塾に勤務したからである。それまでも、会社の経営方針にのっとって仕事をしようとしている限りにおいて、いささかの『志』を意識しないわけでもなかった。しかしサラリーマンは、基本的には相対的な価値の中に生きている。人との競争や比較に関心が向く分、『志』を生きる背骨とする姿からは程遠かった気がする。頭では理解していても、腹に落ちてはいなかったのである。

しかし、松下政経塾において、日本の未来を切りひらくリーダーを育てようとする時に、最も大切なものが『志』であることを、初めて合点したのである。世のため人のために尽くす使命こそ『志』だと知り、若い人たちに『志』を植え付けたいと思い始めた。

五十四歳だった私に、出向していた松下政経塾から松下電器産業に復帰するようにという人事異動が出た時が、私の人生の大きな転機になった。このまま、サラリーマンとしての価値の世界に戻るか、それとも、裸一貫、『志』を求める生き方をするか、瞬間は迷った。前者には、大きな安定がある。後者には、大きな不安がある。今から考えても、それが、私の人生の大きな分岐点になった。

十四年間、様々な角度から『志』を教えようとしてきた私は、「目先の損得に惑わされてはいけない」「裸一貫、自分の足で立つ」「世のため人のため」「自分の利益にとらわれてはいけない」などと、繰り返し伝えてきた。そのすべての言葉が、この時、自分自身に重くのしかかってきた。

もしここでサラリーマン生活に戻る選択をしたら、「何が『志』か。自分を見てみろ。結局安定を求めて、サラリーマン生活に戻っていったではないか」と塾生たちは言い、私が教えてきたことは、すべて無に帰すると思ったのだ。口ではいくらでも立派なことを言える。しかし、塾生たちは言葉をもって私を信じない。自らの生きざまで示すしかない。

平成八年四月三十日をもって、「この際、松下電器を辞めよう。松下電器の組

織の中の価値観に戻るのではなく、自ら残された人生を『志』に懸けてみよう」と思った。社命に従わず、使命に従う。まさに、〝志、ますます堅し〟の決心をした次第である。設立した会社の名前は、志ネットワーク社。そして展開する運動の名前は、〝志ネットワーク〟。あえて名前に『志』をつけたのも、思いをそのまま直接的に表したいとの気負いがあったからだ。

そして平成九年、『志』を持った青年を育てたいとの思いから、〝志ネットワーク『青年塾』〟を立ち上げた。それから二十有余年、今なお、次代を担う志高い人を一人でも増やしていくことが、この日本の未来をひらいていく道であると信じ続けている。

伝記作家の小島直記先生に、私は、志の三条件を厳しく叩き込まれた。人生のテーマを持つこと、生きる原理原則を持つこと、そして言行一致。

新型コロナウイルスの非常事態に遭遇する現在、ますます、『志』が問われる。

Key Sentence

3

夢を見て現実を忘れてはいけない

私は、自分が歩んできた道から考えて、私どもの身近の青年にはそういうことを話しているんです。「大言壮語して夢を見てはいけない。夢を失ってはならんということがよく本なんかに書いてあるから、それは一つの見方として私は否定はしない。否定はしないけれども、夢を見て現実を忘れるようなことがあってはならない。だから、やはりその日の仕事を大事にしていこうやないか。あすはあすの風が吹くやないか。それよりも、きょうを大事にしようやないか」ということを、私はときどき言うのであります。

（『松下幸之助発言集』第35巻）

私の人生の最大の正念場は、松下電器を五十四歳で独立した時だ。独立と言えば、言葉の響きはいい。しかし、現実を見れば、これほど厳しいことはなかった。平成八年四月二十五日、私は貯金通帳を見た。その日の欄に入金はなかった。それまでの三十一年間、毎月二十五日、必ず給料が振り込まれていた。それがなくなる当たり前の事実に、とてつもない不安感が襲ってきた。「志に生きる」と胸を張って独立したものの、どうして収入を得ていくのか、食べていけるのか、先行きを考え背筋が寒くなった。

当時、息子が私のスケジュールノートを見ながら、ほとんど何の予定も入っていない事実を確かめて、「世の中、甘くないね」と言った一言も、忘れられない思い出だ。

まして私は、独立後も松下電器にいっさい頼らないことを肝に銘じていた。松下政経塾出身者に、選挙の時には松下グループにいっさい頼らず、「裸一貫、自分の足で立つ」と教えてきた私が、自分のことになると、松下グループにおんぶにだっこで寄り掛かったのでは申し訳が立たない。

創業して間もなく、「講演に来てくれないか」とお声が掛かることがあった。

チャンスの到来である。私は、講演をする時に、「今日は生まれて初めて講演させていただくつもりで話そう。そして、この講演が人生の最後になるかもしれない」と、自らに言い聞かせた。

不安の極致に立った時の、一つの開き直りだ。「明日を思い煩うことはやめよう。今この瞬間に与えられたチャンスに、人生のすべてを懸けるつもりで話させてもらおう。これが最初にして最後の講演のつもりで全力投球しよう」と心に決めたのである。

〝与えられた今この瞬間に命懸け〟。それ以来、今日に至るまで、苦渋の中から行き着いた、私の生き方を支えた言葉だ。今もなお、その心構えは変わらない。講演の前には、舞台のそでで、「人生の最初の講演であり、これがあるいは最後になるかもしれない」と自らに言い聞かせて、演壇に向かった。

私は、冬でも講演が終わると、汗びっしょりになり、必ず着替える。全力投球の結果だ。そして本当にありがたいことに、命懸けで講演をすると、必ずその場にいた誰かが次の機会を与えてくださる。「こんな会合でも話してくれないか」と。ありがたいことに、私は、自ら、「講演させてほしい」と売り込んだ記憶が

ない。全力投球で話す私の話を聞いていただいた誰かに、必ず次から次へとチャンスを広げていただいてきたのである。

〝この瞬間に命懸け〟。考えてみたら、「今度、頑張ります」「次は、しっかりやります」と、言葉としては未来が存在する。しかし、人間、命の確かな瞬間は、永遠に、今この時しかないのだ。頑張るべき「今度」、「次」といった未来は、本当は、生きていることさえ分からない不確かなものである。

私は、講演会の人数によって、話し具合を変えることは、絶対にしない。目の前にたった一人の聴衆しかいない場合でも、一万人に話すつもりで、全力投球することを心掛けている。

Key Sentence

4

人の評価で一喜一憂する頼りなさ

人がどう言おうと、自分で自分をほめられるというようなことにならなければいけない。自分ながらよくやったというような仕事をもたねばならない。こういうようなことを自分はときどき考えるのであります。しかし、世間の多くは、そういうように考えている人もありますが、そういうことよりも人から評価してもらうということに心躍って、その評価によって動いているという人があるのではないかという感じがいたします。これは非常に根底のない、いわば頼りない動きやないかと思います。そうではなくして、自分で得心できる仕事、自分で自分を称賛できるような状態というものが、非常に尊いのではないか。

（『松下幸之助発言集』第35巻）

私が主宰する『青年塾』には、〝合い言葉〟がいくつもある。その一つに、「〝満足の人生〟ではなく、〝納得の人生〟を」がある。合い言葉は、私が自らの人生の中でつかんだ、自分なりの生き方の原理原則を一つ一つまとめたものである。

人は、〝満足の人生〟を送ろうと思うと、逆に、不満に苦しむ。「どうして私だけこんなに報われないのか」「なぜ私ではいけないのか」などとつらい思いをする。なぜならば、満足の根っこに、他人の評価があるからだ。それに対して、〝納得の人生〟の評価基準は、自分自身の心の中にある。だから、「結果はともかく、自分なりに、やるべきことはやり切った」というのが、〝納得〟の大前提なのだ。

例えば、高校野球の試合。結果だけで判断すると、やるだけのことはやったとしても結果として負けてしまったら、悔いだけが残る。それに対し、〝納得〟の評価に立てば、勝負は時の運、私たちはやるだけのことはやったと、すがすがしい気持ちを味わうと共に、一つの自信を持つことができる。

人生もまったく同じではないか。例えば、出世競争の勝ち負けだけに自らの価

値観を置くならば、地位の高い人ほど幸せで、さほど地位が上がらなかった人は、幸せが少ないことになる。まして、出世競争に目の色を変えてきた人は、退職したとたんに、誰からも褒めてもらえなくなって、急激に生きる力を失ってしまいかねない。私の周りを見回してみて、概して、地位の高かった人ほど、退職後は経済的に豊かであっても、精神的にはしぼんだ人生を送っているケースが多いように思う。

大切なことは、自らの心の中における〝評価〟である。「自分なりには精いっぱいやった。悔いはない」と思う人は、他人の評価がどうであれ、自らの人生、自らの努力に、自ら拍手を送ることができるのだ。

とりわけサラリーマンが気をつけなければならないのは、とかく、自分の内なる〝生きる原理原則〟を持たないことである。競争社会にいると、〝相対的な比較〟にばかり目を奪われて、自らが生きていく上で本当に大事にしたいことといった〝生きる背骨〟がなくなる。「要領よく」ばかりに関心が行って、「一本筋の通った生き方」ができなくなる傾向にあることは、三十一年間、サラリーマン生活をしてきたのでよく分かる。

私が新入社員時代、「君たちは、会社では一社員ではあるが、自分の人生を経営する〝経営者〟であることを自覚しなければならない」と教えられた。私たちは、自らの人生を〝社長〟として経営しているのだ。だから、当然、人生経営の基本理念、経営方針、さらには事業計画もなければならない。そうして振り返ってみた時、すでに、人生経営が倒産寸前のサラリーマンも多いのではないだろうか。

改めて、日々の生活の中で、何を大切に思い、何に価値を置いて、どんな努力をしようとしているのか、自問自答すべきである。その自問自答を通じて、「いろいろ困難もあったけれども、我ながらよくやったものだ」と納得の気持ちが込み上げてくる。それが本当の幸せではないだろうか。「自分で自分の頭をなでてやりたい」と。

Key Sentence

5

悪はなくならない、なくしてはいかん

悪はなくならない。悪をなくしてはいかん。そこで政治というもののあり方が分かってくると思う。政治家が悪というものを絶滅させることに多くの国費を使ったならば、これはムダなことに使うことになる。善悪は車の両輪のようなもので、善も必要だが悪も必要で、悪は絶対になくならないものであり、なくなってはいかん。それではどうすればよいか。悪はあり方を規制して保護すべきものである。今の日本の姿は、お互いにおまえがいかん、おまえがいかんと咎《とが》めあいをしている。これではものは絶対に生まれてきません。〝お互いに過ちはあるよ、だからそれを許しあおうじゃないか〟こういうような気分にもっていく。

(『松下幸之助発言集』第36巻)

実に含蓄のある考え方ではないか。頭の中で、理屈で物事を考えていると、その意味するところはなかなか理解できないだろう。

松下幸之助が、その考えに至ったのは、まだ中小企業だった頃だ。社内で非常に扱いに手こずる社員が何人かいた。しかも、事業が発展すればするほど社員は多くなり、悪いことをする社員の数も増えてきた。「このままではいけない、何とか手を打たなければならない」などと考えているうちに、毎晩、眠れない夜を過ごすことになった。悶々《もんもん》とした日々であった。

そんなある時に、「そうか」とひらめくのだ。日本の国の中にも、様々な悪い人がたくさんいる。いかに教育が普及しても、その数は減らない。天皇陛下の徳をもってしても、悪い人の数は減らない。しかし、天皇陛下は、「この悪い連中を国外に放り出してしまえ」とは言われない。悪い人たちもすべて、受け入れておられる。「一企業人の私がそれ以上を望んではいけない」と思うようになった。いかにも戦前らしい話だ。

このあたりが、松下幸之助発想の素晴らしさだと私はいつもあこがれる。「一万人いたら、百人は悪いことをする人がいるものだ」と思うと、「人を使ってい

ても、〝悪いことせんかな〟と心配することがなくなった」とある。

そしてそれ以来、「人を使う時に明朗な気分になり、大胆になった」とある。ここが、松下幸之助発想の学び取るべきポイントだ。考えに考え、苦しみに苦しみ、悩みに悩んでいると、ある時、〝ひらめく〟のである。それは、〝目覚め〟でもある。普通は、すぐに他人に頼りがちで、「誰かいい方法を教えてくれないかな」といった程度に考えているから、いつまでも悩みから抜け出せないのだ。松下幸之助は、それを「自修自得」「自ら問いを発して、自ら答えをつかむ」と言った。

話は変わるが、私が懇意にしていた警察の幹部から、「暴力団を取り締まる時、〝絶滅〟は言葉としては耳当たりがいいけれども、本当はあり得ない」と教えてもらったことがある。「悪いことをする人は、ゼロにはならない。絶滅したとしても、必ず形を変えて、さらに裏に回って悪いことをする人は必ずいる。それが人間社会の本来の姿である。ただ、悪い人の数がある一定以上に増えると、社会が非常に住みづらくなる。だから、暴力団対策も、社会の健全な秩序維持を目的として行う」と言われた時に、妙に納得し、腑《ふ》に落ちたことを思い出す。

だから、悪い人になってもいいというのではない。「人間社会から悪はなくならない」という〝摂理〟みたいなものが腹の底にあると、地に足の着いた考え方ができる。

松下幸之助は、「芝居でも、ドラマでも、善人しか出てこない筋書きのものは、少しも面白くない。誰も見ないだろう。悪人がいて、それを懲らしめる善人がいて、そこにドラマが生まれる。登場人物が全員、善人ばかりのドラマなどない。第一、悪人がいなかったら、警察も刑務所も失業してしまうわ」と笑った。私はそんなことを考えたこともなかったので、最初は驚いたが、後に大いに納得した。

Key Sentence

6

生活は単調な繰り返しであってはならない

きょうはきのうのくり返しであり、あすはきょうのくり返しであり、まことに単調な、まことに平凡な生活のように思われます。しかし、もし毎日毎日が単なるくり返しの連続にすぎないものとしますと、私たちの人生には何の希望もなく、まったく意味のないものとなってしまうのであります。いやしくも、繁栄を願い、平和を思い、そして幸福を望むのであれば、私たちの生活は単調なくり返しであってはならないと思うのであります。きょうはきのうより一歩進み、あすはきょうよりも一歩進む、すなわち日に日に生成発展の姿をとっていかなければならないのであります。

（『松下幸之助発言集』第37巻）

かつて、松下幸之助から、「最近、どうや?」と聞かれたことがある。「はい、特に変わりありません。元気でやっております」と答えたら、明らかに機嫌が悪くなった。「何、変わりない?」とばかりに、厳しい顔つきで、「君、万物は日々刻々、変化しているのやで。なんで君だけ変わらんのや」と問い詰められた。そして、「給料返してもらわないかんな」と言われた。

まるで、普段のあいさつぐらいのつもりで、「特に変わりありません」と軽く答えたことが、松下幸之助にすれば、とんでもない答えだったことになる。確かにそう言われて振り返ってみると、ありとあらゆるもの、万物は常に変化しているのだ。命あるもので、昨日も今日もまったく同じ状態のものは何もない。

そこで私は一念発起して、「ならば、日々刻々変化する生き方をしよう」と心に決めた。しかし、心構えだけでは、すぐに忘れてしまう。そこで具体的な形として、日々の様子を、文章に書いてみよう。名付けて、〝デイリーメッセージ〟、副題として、「日々発見、日々感動」。一日生きていたら、何か一つぐらいは新しい発見、新しい感動があるはずだ。発見と感動があるということは、「特に変わりありません」と答えた人生と決別することでもある。少なくとも、発見し、感

動する前の人生とは少しばかり変化が生じたことになる。

呼吸することに休みがないように、命に休みはない。やる限りは、毎日、継続しようと決心した。現在、一万一千日、一日も欠かさず、一日に千四百字前後のメッセージを書き続けている。三十年を超える継続である。

幸い、そのデイリーメッセージを、お金を払って読んでやろうという人がいた。その数およそ五百人。もう二十年近く読んでくれている人が、ほぼ半分もいる。それが継続の大きな力になった。有償で読んでいただける人がいることは、やめられないことでもある。これが日記なら、とっくの昔に筆を折ってしまっていたことだろう。

三十年以上、毎日文章を書いていると、それが即ち人生になってきた。もはや義務感ではなく、生きがいになっている。そして何より、継続するうちに、生き方が変わってきたのだ。朝起きた瞬間から、今日のネタ探しである。何を見る時も、目を皿にしている。そして、これはいいと思うと、さらに一歩近づいて、詳しく中身を調べる。時には、「教えていただけませんか?」と取材することもある。そんな変化が、人生を豊かにしてくれる。

結局、人間は、日々、ほぼ同じものを見聞きし、体験しているのだ。何が違うかと問われたら、ただ漫然と見ているか聞いているか、それとも、真剣に見ているか聞いているかの違いなのだ。そしてその違いが、人生を大きく分けていくのだということも学んだ。

あれから三十年、〝日々発見・日々感動〟と自らに言い聞かせながら今日まで生きてきた。そして、今にして初めて、松下幸之助が言う、「日々に生きがいを感じることが生きる基本」の意味がようやく分かってきたようである。

Key Sentence

7

死もまた生成発展の一つの過程である

死を賛美することは異常な考えでありますが、そうではなくて、真理に立脚し、自然の理法にもとづいて従容《しょうよう》と死ぬ死生観をもたなければならないと思うのであります。生成発展の原理はこれに対して答えを与えてくれます。すなわち生成発展の原理に立てば、死は恐るべきことでも、悲しむべきことでも、つらいことでも何でもないのであって、むしろこれが生成発展の一つの過程であり、万物が成長する姿であるといえるのであります。そして死ぬということは、この大きな天地の理法に従う姿であって、そこに喜びと安心があってよいのであります。

(『松下幸之助発言集』第37巻)

私が松下幸之助に直接した質問の答えの中でも、「君、死もまた発展の姿やで」と答えた時のことは一番衝撃的だった。

松下幸之助が九十歳の時、「もう一回、PHPを一から勉強し直そう」ということで、八人のメンバーで、月に三回、八のつく日に研究会を持つことになった。メンバーは、松下幸之助を筆頭に、PHPのベテランばかり。「一人ぐらいは、この研究の素人がいいでしょう」と、松下政経塾の職員であった私もメンバーの一人に選ばれたのである。私の役割は、素人の疑問をぶつけることだ。

ある時、「宇宙根源の力は、万物生成発展の法則で働いている。死もまた、発展の姿である」というくだりにきた。素人の私は、「それはおかしい」と思った。死は滅び以外の何物でもない。死ぬということは、最後に〝滅びること〟だと、私は、勢いよく手を挙げた。「それでも最後に死にます。死んだら後には何も残らない。滅びるではありませんか?」と質問した。松下幸之助は一言、「君、死もまた発展の姿や。もし人間が死ななかったら、人類は滅びてしまう」と答えた。「えっ、滅びますか?」と聞き直した。もし人間が死ななかったら、地球上に人間があふれて、しまいに人類は滅びるというわけだ。なるほど、有史以来の人間

が死んでいなかったら、今頃、地球は人間があふれて、とても生きていられないだろう。

そしてこう続けた。「確かに一人の人間が死ぬことは切ない。秋になって葉が落ちていく。その葉を見ていると切ない。しかし、葉が地面に落ち栄養となって、次の春には新しい芽が吹き出てきて、次の花を咲かせる。そう考えたら、落ち葉もまた生成発展の姿や」。私はその答えに、大いに納得すると共に、感動した。自らの死生観を決定づけるような一言と出会ったのである。

子供の頃、〝死〟について考えていると、恐ろしくて眠れなかったことを記憶している。自分という存在がなくなることが受け入れられず、恐怖感に襲われたのだ。

しかし、今、〝死もまた発展の姿〟と教えられて、気持ちが落ち着いた。私の年齢からすれば、死もまた遠い話ではない。「従容として死に行く」という表現が、私の心を平安にしてくれる。〝従容（しょうよう）〟を辞書で引くと、「ゆったりと落ち着いた様」とあった。

平成元年四月二十七日、松下幸之助が逝去した。その時、自然のうちに私の頭

の中に浮かんできたのは、「死もまた発展の姿」という言葉だった。

すべての人間は、いつか死ぬ。その人のことを思えば、限りなく悲しい出来事である。しかし、次なる命は、間違いなく力強く前を向いて生きていく。いつまでもそばにいてほしいけれども、そばにいなくなったからこそ、新しい命は、「自らの力で生き抜かなければならない」と本気で考えて、前を向いて力強く生きるだろう。

八十歳になった今、「死もまた発展の姿」と教えられた言葉が心にしみる。

Key Sentence

8

きのうの是がきょうの非になるのは当然

ある日、西郷（隆盛）さんが（坂本竜馬を）、「あなたは一昨日会うたときと、きょうの話とはまた違うではないか。そんなことではあなたの言葉は信用できない。天下の士として信じられる者には、不動の信念がなければならない」と言って非難したのであります。そのとき、坂本竜馬は「いや決してそうじゃない。孔子は『君子は時に従う』と言っている。刻々と時は移り、社会情勢は日に日に変わっている。だからきのうの是がきょうの非になるのは当然である。この、時に従うこと、これが君子の道なのだ」（中略）と答えたとのことであります。

（『松下幸之助発言集』第37巻）

松下幸之助の発想の根本は、「万物は生成発展の法則に従って、常に動いている」ということであろう。その法則に素直に従えば、物事はすべてうまくいくというのは、〝絶対確信〟である。四十五巻の発言集を一言にまとめるなら、この〝絶対確信〟に尽きるだろう。

私たちが悩み苦しむのは、その真理に目覚めていないからだ。私は、『松下幸之助発言集』の読破を通じて、発想の原点、源流、根っこを明確につかめてきた気がする。

「うまいことをやったら、うまいことといく」と、多くの人たちは信じている。そして、「何かうまいやり方はないか」ということばかりに目を向けている。その発想に立つと、心は不安で、移ろいやすくなる。「絶対不変の真理を把握し、それに従って素直に生きろ」と松下幸之助は教えているのだ。

この世に存在するすべてのものは、刻々と変化する。これは真理だ。変化しないのは、その真理だけである。それ以外のものに不変なものはない。だから、私たちの考えることもまた、刻々と変化するのが当然であり、それが真理だということを、今回の文章は教えている。今考えていることが、一分後、変化するのは

〝真理〟であると考える坂本龍馬。「そんなにコロコロ変わってもらったのでは、あなたを信用できない」と言う西郷さん。

確かに、組織で、トップの言うことがコロコロ変わると、部下は、「それではついていけない。あなたの言うことは信用できない」と文句を言う。何でもコロコロ変わるのがいいというのではない。「変わらなければ、従いやすい」ことは事実だ。だからと言って、変わらないことが、「一貫している」とか「不動の姿勢だ」と評価されるものでもない。姿勢は一貫していても、中身は刻々と変化していくのは、〝真理〟の姿だ。

松下幸之助は、〝朝令暮改〟ならぬ、〝朝令昼改〟を勧めた。「本当に一つのことを考え続けていたら、朝考えたことも昼には変わる。それは当然の姿だ」というわけだ。私は最初にそのことを聞いた時、「周りはたまらんな」と思った。しかし、自分が自らの意思で物事に取り組み始めると、ずっと考え続けるようになる。ずっと考え続けていると、朝考えたことよりもさらにいい方法が、昼にはひらめくこともしばしばある。

「君たちは、仕事の時間にしか仕事のことを考えていない。仕事以外の時間、頭

は休暇に入っている。僕はな、寝ても覚めても考え続けているから、考えていることが刻々と変わるのや」と言ったことがある。自分で独立稼業をしてみて、私もその意味するところがやっと分かった。

同じことをずっと考え続けていると、考えている内容は、刻々と変化することは、誰もが経験するところだ。考え続けていると、一時間前と、今と、微妙に内容が変化していく。万物が変化しているのだから、当然の姿である。松下幸之助は、それを、〝進化〟していると考えたのだ。そして、坂本龍馬もまた、そこのところを指摘したのだ。

それにしても、西郷さんと坂本龍馬の言葉のやり取りは、実に興味深いものではないか。松下幸之助は、「西郷さんほどの人物を軽々しく批判することは控えなければなりませんが、この話のどちらが正しいかといえば、生成発展という原理から考えますと、西郷隆盛よりも、坂本龍馬のほうに、いささか賛成の意を持ちたいと思うのであります」と遠慮しながら、坂本龍馬に軍配を上げている。「すべては流転し、日々新た」。それこそが真理であり、変わらないのは真理だけだ。真理に従って生きることを学び取りたい。

Key Sentence

9

人間は崇高にして偉大な存在である

人間は、たえず生成発展する宇宙に君臨し、宇宙にひそむ偉大なる力を開発し、万物に与えられたるそれぞれの本質を見出しながら、これを生かし活用することによって、物心一如の真の繁栄を生み出すことができるのである。

かかる人間の特性は、自然の理法によって与えられた天命である。この天命が与えられているために、人間は万物の王者となり、その支配者となる。すなわち人間は、この天命に基づいて善悪を判断し、是非を定め、いっさいのものの存在理由を明らかにする。そしてなにものもかかる人間の判定を否定することはできない。まことに人間は崇高にして偉大な存在である。

（『松下幸之助発言集』第38巻）

新型コロナウイルス感染拡大に伴い、自宅生活を余儀なくされた期間中、『松下幸之助発言集』全四十五巻を読破すると決めて以来、順調に読み進んできた。そして第三十八巻を開いた時だった。山登りで言えば、ようやく頂上が見えてきた頃だ。

それまでは、一日に一巻を読み、それに関して解説文を作ることを基本としてきたので、残り一週間で読み切ることになる。ところが、事はそう簡単ではなかった。第三十七巻を開いてから、私の読む速度がみるみる落ちた。山登りで言えば、目の前に頂上が見えたと安堵《あんど》した瞬間、大変に困難な岩場が待ち構えていたといったところか。青息吐息、一歩登って一休み、また一歩登って深呼吸しなければ、前に進まない。

第三十七巻、第三十八巻は、松下幸之助のＰＨＰ思想の全貌が語られている。とりわけ最大の課題は、「人間の本質は何か?」という、極めて深淵《しんえん》かつ難解なテーマだ。最初は、この部分を読み飛ばそうと思った。第一、読んでくれる人たちも、今までとはまったく異なる内容の哲学的、宗教的問い掛けに戸惑うだろう。

「ここは適当にやり過ごそう」と、本を閉じようとした瞬間、私の机の目の前に置いてある松下幸之助の写真の表情が、一瞬、険しくなったように見えた。「君、僕が一番言いたかった肝心なところを飛ばして、読者受けする話ばかりを並べ立てるのか」と、お叱りの言葉が聞こえた気がした。私は改めて、そっと本を開き直した。

昭和四十七年五月、松下幸之助は、「新しい人間観」を提唱している。その内容は、「儲かりまっか？」「そら、あきまへんで」といった調子の親しみやすさとは程遠い。どちらかと言えば、まことに格調高い言葉が綴られている。昭和四十七年は、私が入社して七年目、ちょうど三十歳になった頃だ。松下幸之助は今の私とほぼ同じぐらいの年代、八十歳の手前だ。〝人間の本質〟を、懸命に解こうとしている。

昭和四十七年、松下電器の社員全員に、「新しい人間観」をあらわした本が、配られたことを記憶している。その冒頭に、「人間は万物の王者である」とあった。私たち若い社員は、その最初の一行を読んで、本を閉じた。「こんな本を社員に配るなんて経営者の道楽や。〝人間は万物の王者〟などと考えるから、人間

は勝手なことばかりする」と言いながら。
あれから五十年、心を改めて、「新しい人間観」に挑むことにした。

Key Sentence

10

人生をいかに進めていくかも「経営」だ

大きく考えるならば、一国の政治というか、一国の国家運営も一つの経営だといえないことはない。あるいは、個々の人々がそれぞれ属している家庭なり団体というものの運営も一種の経営だといえるであろう。さらに考えるならば、個々人の人生をいかに進めていくかということも、一つの経営だと考えてもよいと思うのである。

（『松下幸之助発言集』第40巻）

松下電器に入社した時、導入研修中に松下幸之助が私たち新入社員に講話をした時の一言が忘れられない。また、その一言が、私のその後の会社生活に大きな影響を与えた気がしてならない。

「君たちはこの会社では一社員である。しかし、一面において、君たちは全員、自分の人生を経営している経営者である」と話した。正確な言い回しは、覚えていないけれども、駆け出しの平社員だと思っていた私は、「君たちは全員、経営者だ」の一言に、衝撃を受けた。

思わず、どんな意味なのだろうかと、話の続きに耳を傾けた。

「君たちは、〝経営〟という言葉は、企業の経営のことを指していると思うだろうが、本来の意味はもっと広いのだ。即ち、人間が目標を持ち、それを実現していく活動のすべてを、〝経営〟というのだ。それは、犬も猫も、ライオンも、トラも、できないことだ。人間だけが、将来に目標を持ち実現していく能力を与えられている。君たちは、自分の人生を経営しているのだ」と解説したように記憶する。

私は、「そうか、俺は人生を経営しているのか？」と、まず思った。そして、

「マイライフ・カンパニーの社長か？」と思った。

そんなこと、それまで考えたこともなかった。〝しがないサラリーマン〟になったとしか思っていなかった。

マイライフ・カンパニーならば、経営方針はあるか、今期の目標は、投資計画は、長期計画はと、自らに問いかけた。「ない」。サラリーマンは、上司から命じられて仕事をする。人生設計も家庭設計も、すべては会社におんぶにだっこ。「自分で自分の人生を経営している」などと、考えたことがなかった。

結婚したら、家庭経営が待ち受けていた。家庭のビジョンは？　家庭の理想は？　長期計画は？　今年の目標は？　人員計画は？　人材育成計画は？　何も考えたことがなかった。よくぞ、倒産しなかったものである。

私が、松下電器を五十四歳六か月で中途退職した理由を一つ挙げれば、やはり、自分の人生の経営計画の中に、いつの日か、自らのテーマを探求するために「自立」したいとの思いがあったからだろう。

身は、勤め人、組織の一員であったとしても、我が人生、自ら主体性をしっかりと持って生きるのだという〝経営感覚〟を持つべきだと、この年齢になると、

一層、身にしみて感じる。仕事の目標は、即、人生経営の目標ではないことを肝に銘じておきたい。

Key Sentence

11

いったん決めた道は信じてやっていく

自分で商売を始めて六十三年になりますが、この間《かん》、電器一筋でやってきたわけです。その過程には、うまくいっているときもあったし、うまくいかないときもあった。それで、いろいろ考えたりすることもありましたが、〝この道がうまくいかんから、やめてほかに変わろう〟というようなことは、一度も考えなかった。終始一貫やってきたわけです。自分の周囲の人を見ていると、同じようにやってきた中で、やめる人もあった。しかし、私はやめずにやってきて、そして今日のようになったということです。そういう私自身の経験から考えても、いったんこうと決めた道は、自分で信じて、やっていくことが大事だと思います。

（『松下幸之助発言集』第44巻）

私は、『青年塾』の塾生諸君に、「転職することは否定しないけれども、歩んだ道は変えないように」と言う。その時にいつも次のようなたとえ話をする。

「例えば富士山に登るとしよう。登山口はいくつもある。御殿場から、富士吉田から、須走《すばしり》から。その中から、吉田口を選んで登山することにした。最初は鼻歌交じりで、元気いっぱい歩き始める。ところがしばらくすると、急な登り坂に差し掛かる。足元は石がごろごろとしている。景色は見えない。〝やっぱり吉田口からの登山はだめだ。御殿場口から登ることにしよう〟と、一度下山して、御殿場口に向かう。

御殿場口から登り始めの頃は、やはり意気揚々としている。見える景色も違う。何となく新鮮な感じがしていたのは最初の頃だけ。間もなく胸突き八丁に差し掛かると、青息吐息。〝だめだ、この際、須走口にしよう〟とまたまた下山して須走に向かう。〝今度こそはやり遂げよう〟と元気なのは最初だけ。またまた、そこでも挫折が待っている。気がついたら、ずいぶん時間は経過したけれども、一合目と二合目あたりを上がったり下がったりしているだけ。頂上には近づいていない。そんな人生を送っていないだろうか」。

富士登山の登り口はいろいろある。しかし、頂上は一つだ。人生もまったく同じである。登り口を会社と例えるならば、働く場所はいろいろある。そのいろいろある働く場所を迷っていると、いつまでたっても頂上には立てない。この道を行くと決めたら、道を変えない。一本道をひたすら登り続けていくならば、必ず頂上に立てるのだ。

今の時代だから、会社を変わることも当たり前のようになってきた。終身雇用の時代とは、状況が大いに異なる。私は、会社を変わることも悪くはないと思っている。しかし、『志』は一本道でなければならない。

私自身も、電機メーカーに就職しながら、松下政経塾という人材養成の教育機関で人を育てる仕事をし、その延長線上で、会社を辞めて、自ら『青年塾』を立ち上げた。職場もいろいろ替わっている。しかし、「人を育てる」という方向、「人間教育により、よき人を育てる」という志は、一本道を歩んできたつもりである。

職場を替わることもあるだろう、会社を変わることもあるだろう。しかし、「志は一貫していた」と言える〝一本道〟を歩むことを心に期したい。

「天職」という言葉がある。「あなたの天職は？」と問われた時、何と答えるか。会社や職制の名前は、勤め人である限りすぐ答えられる。しかし、「生涯を通じて求める〝天職〟は？」の質問に答えられる人はまれだ。冗談を交えて、「天職は、求めると転職したくなる。天職は求めるものではなく、生涯かけてつくり上げていくものである」と教えている。

私の場合は、松下政経塾時代の十四年間、「誰よりも熱心であれ」と松下幸之助に言われた言葉を頼りに努力した。その結果、今、「人を育てるのは天職だ」と言えるようになった。どんな仕事でも真剣に、熱心に取り組んでいると、道は自然にできていく。

Key Sentence

12

〝天命に服するのだ〟

諸君が選ばれて塾生になったということも、これはほんとうは諸君の力でもなければ、私の力でもない。われわれの目に見えない大きな力が働いて、そして、この塾へお互いを引っ張りこんだのだ、と。これは、われわれの力以外の大きなものの力でやっているんだと、そういうように考えてみてはどうでしょうか。自分の小さい知恵才覚で塾へ入ってきた、あるいは塾を開いたと、そんな小さな考えではなく、〝天がわれわれをして塾を開かせたのだ。天が諸君をして塾生たらしめたのだ。われわれはその天命に服するのだ〟と、そういう考え方をもってみる。

(『松下幸之助発言集』第44巻)

人間、自分の力でやれることは、本当は極めて限られていることに気がつかなければならないのだ。

そもそも、この世に生まれてきたことも、日本に生まれてきたことも、この時代に生まれてきたことも、この両親のもとに生まれたことも、男であること女であることも、この地に生まれたことも、いつ死ぬかということも、身長も、顔つきも、何もかもは、自分で努力した結果の得られるものではない。「すべては運命」である。

まずそのことに気づかなければならない。そして、それが運命である限りは、「はい喜んで」と受け入れることが、人生をよりよく生きる根本原則であることを、『松下幸之助発言集』を読み通して、腹の底から納得し、学び取った。

そして、それが運命である限りは、どんなに嘆いてみても、何の解決にもならない。『松下幸之助発言集』の中で何べんも出てくるのは、「貧乏な家に生まれたのも運命、学校に行けなかったのも運命、松下電器がここまで成長したのも運命、物事が何もかも順調にいったのも運命」といった言葉である。

運命に従うことを、松下幸之助は、「天命に従う」と大きくとらえる。親の命

令ではなく、天の命令だから、事は重大だ。この会社に入ったのも、親の勧め、学校の先生の推薦のおかげというよりは、やはり、「天命」としか言いようがないのだ。

「天命」と思って仕事をしている人は、はたしているだろうか。会社の命令で、上司の命令でとは考えられても、「これも天命」とはなかなか考えられない。しかし、そんなふうに大きくとらえられる人が、本当の〝大物〟である。

自分の知恵才覚、自分の損得に目ざとい人は、〝生き方の器用〟な人かもしれないが、しょせん、人間が〝小さい、小さい〟とのそしりを免れられない。

松下政経塾創設の頃、塾生たちは、将来に対する不安もあって、「自分はこれからどうなるだろうか」といった心配をしていた。松下幸之助は、それを叱ったのだ。そんな小さな自分にとらわれていてどうする。もっと大きくとらえろ。君たちは、頑張って試験に合格して入塾したのではない。〝天命〟により塾に入ることが許されたのだと、より大きく、高いものの見方を求めたのである。

会社でも同じだ。「他に行くところがないので、仕方なくこの会社に入った」程度にしか考えられない人が、立派な仕事をできるわけがない。この会社に入っ

たのも、「天命」だ。この人と結婚するのも、「天命」であると考えるならば、おのずと腹が据わり、力が湧き出てくる。

Key Sentence

13

死ぬくらい悶々とした時

ムダに死んではいけません。死ななくてもいいのに、死ぬようなバカなことをしてはいけない。自殺なども、死ぬ必要がない場合が多いのです。もっとも、私でも迷ったときは、死ぬくらい悶々《もんもん》とすることがあります。しかしその瞬間に、こんなことで自分は死ねないと思うのです。何べんもそういう死線を彷徨《ほうこう》して、初めて物事が分かるわけです。諸君はまだ、死のうかというほど迷うことはないと思います。それはそれで結構なご身分ですが、ほんとうは、死のうか、どうしようかと追いつめられることを、二、三回味わってみなければいけません。そういうところで踏みとどまって初めて、大事なものをつかめるわけです。

（『松下幸之助発言集』第44巻）

松下幸之助の人生をもってしても、「死ぬほど悶々とした経験」が、何度もあった事実に、ほっと救われる気がする。話を聞いているだけであれば、あらゆる悩みや苦しみを超越した人のように見えるが、実は、その境地に至るまでは、死ぬほどの思いをしてきたのだ。また、死ぬほどの経験を重ねてきたからこそ、ある種の〝悟り〟のような境地にまで到達したとも言える。

それに比べると、現代に生きる私たちは、ずいぶん、弱々しいように思える。昔なら当たり前のように飛び越してきた困難におののき、人によっては自らの命を絶ってしまう人さえいる。

かつてバングラデシュに行った時、日本を上回る人口を抱える国ながら、自殺者がいないと聞いて驚いたことがある。「その理由は?」と尋ねたところ、「今日一日、食べることに精いっぱい。とても、〝人間はなぜ生きるのか〟などと、考え込んでいる余裕がない」との答えだった。なるほど、人は、食べることも不自由な時には、生きることに精いっぱいなのだ。

バングラデシュに行った時に驚いたことは、大人も子供も、男も女も、時には牛も犬も、とにかくせかせかと、いつも忙しく動き回っていたことだ。皮肉なこ

とに、人は、余裕をもって食べられることによって、生きる力が弱くなり、生き方に緊張感がなくなっていくのだ。

そんな中で、松下幸之助は、「物事は絶対に行き詰まることはない」という確信を持っていた。その大前提は、「志があれば」だ。世のため人のためにお役立ちしたいという強い思いがある限り、絶対に行き詰まらないと確信していたことを大いに見習うべきであろう。人が行き詰まるのは、「自らのために計ろう」とする時である。自らのために計ろうとすればするほど、〝我欲〟の地獄に落ちていく。

いかなる時も、「世のため人のためにと思って物事に取り組んでいる限り」、どんな困難も必ず克服することができる。

「どうも経営がうまくいきません。どうすればよろしいでしょうか?」と松下幸之助に質問した人がいる。そんな時に松下幸之助は、「あなたは血の小便が出ましたか?」と聞いた。聞いた相手は、いきなり、血の小便などと言われるものだから驚きながら、「いや、ありません」と答えた。そうすると、「厳しいとおっしゃる言葉に、まだまだ余裕がある」と答えた。

ひとたび事をなそうとすれば、端的に言えば、命懸けの場面が何度も襲い掛かってくる。そのような修羅場をかいくぐってみて、初めて、本当に大事なことは何かをつかめるというわけだ。

Key Sentence
14

死する時は死する覚悟

ものにはやっぱりけじめがありますからね。いたずらに命を長らえることをもってよしとしない。私はやはり、決断せねばならんときは決断していく、死するときは死するということが、きわめて大切なことやないかと、かように考えておりました。いたずらに死のうとは思っていませんけれども、やはり、そういう場合に臨んで、過ちのないように、常に覚悟をしていなければいけない。

（『松下幸之助発言集』第33巻）

この話は、戦後間もなく、労働組合の幹部に向かって話したものである。松下幸之助が公職追放されたことに対して、労働組合の幹部が何度もＧＨＱに足を運んだ。それについて、「私は恩には着ていませんよ」などと言ったくだりで、満場の笑いを誘っている。半分、冗談で話しているようにも聞こえる。

実際には、松下幸之助もＧＨＱに足しげく通い、当時の幹部も入れ代わり立ち代わり訴えに出向いた。そしてその動きに呼応するかのように、労働組合の幹部もまたＧＨＱ通いをしたのである。そのことを、松下幸之助は「本当にありがたいことだった」と感謝しながらも、「恩には着ませんよ」というところが、実に、松下幸之助らしいところである。

私はこのくだりに、松下幸之助の生き方の真髄を見る気がしたのである。松下幸之助が、いかなる事態にもうろたえることなく、「腹が据わっている」所以《ゆえん》であり、見習わなければならないと肝に銘じた。『松下幸之助の教訓』の中でも、今の私にとっては、もっとも強烈な教えの一つである。

この話、一つ間違えば、「組合に手を回して、自分の助命嘆願した」となる。それを嫌ったのである。「そんな卑怯な真似《まね》はしたくない」という強い決意が伝

わってくる。自分が追放解除されるために、なりふり構わずに手段を選ばないことを最も嫌ったのだ。

その前に、財閥指定を受けて公職追放になった時、「これはGHQの誤りである。松下電器は、他の財閥と同じではない。たとえ相手が戦勝国の連合組織であったとしても、間違いは間違いであり、正さなければならない」と決断して、数えきれないほどの回数、GHQ通いをしたところもすごい。

是は是として、相手がいかなる巨大な権力集団であっても、引き下がらない強さ。そして、自分が助かるためには、手段を選ばない卑怯さを断固として拒否した〝人間としての強さ〟は、私にとって、大いに見習うべきところだ。

それにしても、「人間、死ぬべき時には死ななければならない」の一言も強烈だ。そういう基本的な腹構えができている人の生き方を、私は仰ぎ見る思いがした。

誰しも、「死にたい」などとは思わない。しかし、卑怯な真似をしてまで、死ぬことを恐れてはならないとの教えは、八十歳を越えた私には、鉄槌《てっつい》を下されたような衝撃がある。

「人間、死ぬべき時には死ななければならない」。武士道精神だ。日本の伝統精神の中でも、松下幸之助はとりわけ武士道精神を高く評価していた。

第二章

経営とは何か

Key Sentence

15

目の不自由な人はあまり転ばない

事業というものはそうむずかしくないと私は思うのです。なぜむずかしくないかということは、目の不自由な人はあまり転ばないそうですし、なかなかケガをしないそうです。しかし目の見える達者な人間は、ともすればケガしたり、ひっくり返ったりする。

それはなぜかというと、目が悪ければ、つまり一町先が分からんのです。ほんの足もとしか分からんのです。その足もとでも分からんから、分かる法として杖をついているわけです。必ず杖をついてトントンとこう……二尺ほど先を杖で確かめて歩く。そうするとケガもしないわけですね。私は商売というものはそんなものだと思うのです。

（『松下幸之助発言集』第1巻）

「変化を追うな。真理を追え」。私がいつも、『青年塾』の塾生たちに教えていることである。世の中、変化を強調し過ぎるあまり、多くの人が、〝浮足立った生き方〟をしている気がしてならない。変化を追い求めていると、当たり前のことに身が入らなくなってくる。「こんなことをしている場合ではない」といった言葉が端的にその心を表している。

変化に惑わされると、いつも、焦燥感にかられる。「私は遅れているのではないか」「私は時代に取り残されているのではないか」と追い詰められ、「今」という〝命の瞬間〟がうつろになる。その結果、心の病に苦しむ人が、なんと多いことか。

野球で言えば、様々な変化球にバットを合わせようとすると、自分のバッティングフォームが崩れてしまうのと同じだ。まずは、どんなボールがこようが、自分の確固としたバッティングフォームをまずつくることだ。空振りしてもいい。三振してもいい。「これが、私のバッティングフォームです」と言えるものができあがると、安心して打席に入れる。

追うべきは、真理である。真理は不変だ。何が変わり、何が変わらないかをよ

く見極めるといい。何が不変か？　それは人間の本質である。人間の本質は、大昔から今日に至るまで何も変わっていない。その証拠に、今も、二千五百年前の『論語』を生き方の糧に求める人がなんと多いことか。『聖書』も二千年前、『仏典』も同じだ。「ずいぶん古いな。時代遅れで、何の参考にもならない」と誰も言わない。それは、人間の本質は何も変わらないからである。

変化ばかりが強調されると、「これからどうなるでしょうか？」と不安そうに聞く人が増えてくる。それにつけ込んで、予想や占いがもてはやされるのは世の常だ。しかし、「一寸先のことは、本当は誰にも分からない」のが真理である。コロナ禍以前の様々な予測の中で、何人が新型コロナウイルスの災難が人類全体を襲うと予想していたか？　未来は、予想するものではない。未来は、創造するものだ。「これからどうなるか？」と聞くのは、愚問だ。未来は、常に、「これからどうするか」である。

「目の前の、為すべきことを全力で為す」。それが、真理だ。商いにおいても、「目の前のお客様に心の底から満足していただくために全力を尽くす」ことが、実は明日をひらいていくのである。食べる時には全力で食べる。寝る時は全力で

寝る。働く時は全力で働く。トイレの便器を磨く時は無心で磨く。すべての命にとって、確かな命の瞬間は、「今」しかないのだ。「今」に命を懸けることは、人生に「命」を懸けることと同じ意味を持つものだ。

「明日から頑張ります」という言葉は、明日生きていることを当然と思うから口を衝いて出てくる。厳しい言い方をすれば、「明日まで生きているかどうかも分からない」のが命の本当の姿である。だから、〝確かな命の瞬間〟である今に全力を尽くし続けるのである。

松下幸之助は、「僕は、将来これだけの大きな会社にしてみようと思ったことは一度もない。日々、自分に与えられた仕事を一所懸命にやっているうちに、いつの間にかこんな大きな会社になった」と言った。それは謙遜でも何でもない。まさに、命の本当の姿に忠実に生きてきた人の言葉である。

Key Sentence
16

商いは私事ではない、公事だ

商売というものを私事として考えてはいけないと、いつも思っておりました。小規模の時分は会社は私個人の経営でありますから、自分の思うとおりやれるわけですが、その時分から、商売は公の仕事である、個人の名において仕事をしてはいるけれども、仕事そのものは社会の仕事であると、こういう考え方をおぼろげに私はもっていたと思うんです。

そうでありますから、不慮の災難などがありましても、〝ああ、えらい損してつまらんなあ〟という考えよりも、公の仕事を預かっている自分としては許されないことをした、という感じを強くもったのであります。

(『松下幸之助発言集』第4巻)

指導者として一番必要なものと問われれば、「公的精神」であると、私は思ってきた。

それは大企業になれば求められる資質ではなく、どんな小規模な企業であっても求められる資質である。そしてこれほど難しいものはない。

一般的な経営者の多くは、自らの金銭欲や物質欲、さらには名誉欲に駆り立てられて仕事をしているように思われてならない。すなわち、〝私欲〟に立つ経営だ。松下幸之助は、零細経営だったころから〝公欲〟に立って経営に取り組んできた。「経営の神様」と多くの人たちに敬意を持って迎えられた理由の一つはそこにある気がする。

松下政経塾に勤務していた時代、私は、お笑いの吉本興業に足しげく通った。駆け出しで裸一貫の芸人がのし上がっていく過程が、徒手空拳の若者が政治家をめざすのと、似ている気がしたからだ。

そこで非常に興味深い話を聞いた。駆け出しの芸人はそもそも貧しい。食っていくのがやっと、あるいは食べることさえ事欠くこともある。彼らは、這い上がろうとして、誰の言うことでも真剣に耳を傾ける。

問題は、彼らが、〝ちょっと人気が出始め、小成功〟した時である。あれほど謙虚で、周りの人達の助言に真剣に耳を傾けていたのが、急に態度が大きくなる。そして、寝ても覚めても仕事のことしか頭になかった人が、いつの間にか遊び始める。やがて九割の芸人はいつの間にか消えていく。

ところが小成功に甘んじない芸人もわずかながらいる。

その差は、小成功時代のあり方が違うのだ。大成功の道に向かう芸人は、稼ぎが多くなっても、それを自分の懐にすべて入れてしまうことはしない。惜しげもなく、周りの貧しい芸人たちのために使う。

そしてもう一つ、小成功したからといって、肩で風を切って歩くのではなく、常に舞台裏で支えてくれる人たちをねぎらうことができるのだ。

なるほど、私欲も一つのエネルギー源ではある。贅沢したい、豪邸に住みたい、高級車を乗り回したい、名誉も欲しい、ゴルフ三昧の日々を送りたい。そのために、まずは金もうけだと頑張る経営者も少なくない。しかし、それは、やがて消えていく〝小成功者〟である。

〝大成功者〟は、私欲を肥やすことに満足しない。「みんなを良くしたい」とい

った大欲を持つ。大欲こそ、私流に言えば、『志』である。

自分一身の贅沢程度の小さな欲ではなく、世の中のすべての人たちを喜ばせたいなどといった欲は、かなり大きい。

同じ仕事をするのなら、〝大欲〟を燃やしたいものである。

Key Sentence

17

うまくいく会社の社長は綱領や信条を訴え続ける

うまくいっている会社には、綱領とか信条というものがあって、社長は絶えずそれを根底にもって、事業を興すたびに、新しい計画をやるたびに、綱領、信条というものを中心に、絶えず訴えています。

こうあってほしい、ああいうあってほしい、かくあるべきだということを、絶えず訴えている。それも一度ではなくして、機会あるごとに、仕事を進めるごとに訴えている。そうすると社員は、知らず識らずのうちに、そういう気分になっていく。だから、全社一致して事を進めるということになる。したがって、能率が上がるということですな。

(『松下幸之助発言集』第8巻)

松下電器産業株式会社を、今はパナソニックという。社名が変更した時、「これは私の勤務していた会社とは違う、別の会社だ」と思った。今はますますその感を深めている。一番の違いは何か？　松下電器産業では、とにかく、骨の髄まで〝松下精神〟、即ち松下電器の遵奉すべき精神、そして七精神を叩き込まれたのである。松下幸之助はもとより、幹部、さらには一般の社員まで、すべての人たちが口を開くと、「松下精神に基づいて判断しろ」の一点張り。若い頃は、「もう少し他のことを言えないのか」と反発するほどだった。

世間の人たちは、それをまるで、「松下教だ」と言い、しばしば、「どこを切っても同じ顔が出てくる〝金太郎あめ〟みたいだ」と揶揄《やゆ》された。しかし、松下幸之助はひるむことはなかった。「それでええんや。むしろその方がええ。基本となる精神は、〝金太郎あめ〟でなければならない。しかし、それ以外のことはすべて、自分の頭で考えて、自分で判断し、自分の責任で実行しろ」と逆に励ました。

中でも忘れ難いのは、松下幸之助の〝一番番頭〟とも言われた高橋荒太郎氏である。聞くところによると、松下幸之助は、いつも高橋荒太郎のことを「さん」

づけして呼ぶほど信頼が厚かった。

高橋さんは、とにかく口を開くと、「松下電器には経営基本方針がある。それに従って仕事をすれば間違いない」の一点張りだった。いつでも、どこでも、誰に対しても、「経営基本方針に従って仕事をしなさい」と言い続けた。耳にタコどころか、大ダコができるほど、繰り返す人だった。

あまりにも「経営基本方針」ばかりを強調されるものだから、ある時、労働組合の幹部が、「高橋さん、経営基本方針の大切なことはよく分かりました。しかし、そればかり聞かされていると、聞く方は大変です」と、文句を言った。その時に高橋さんは何と言ったか。「聞く方も大変だろうが、言う方はもっと大変だ」と。

高橋荒太郎さんは、最終的には松下電器産業の会長となった。海外部門と経理部門を一手に引き受けていた。とりわけ海外事業については、「相手の国の繁栄に貢献するために仕事をするのだ」と、言い続けた人である。

私の友人の一人は、定年退職した後、「松下電器は働きやすい会社やった。経営の根本となる考え方が一貫しているから、安心して仕事ができた」とつぶやい

たことがあった。根っこの考え方が一貫していると、社員は迷わない。私は、松下幸之助が、〝経営の神様〟とさえ言われて、これほど世間から高い評価を得られるようになった理由の一つは、高橋荒太郎さんのような存在があったからのように思う。

会社の綱領や信条は、大抵の会社にはある。しかし、それが単なるお題目、建前として、お飾りのような存在でしかないか、それとも、その会社のすべての活動の背骨、根幹を貫く土台のような存在であるかどうかの違いは大きい。会社を退職して、三十年ほど経つが、今なお、「松下電器の遵奉すべき精神」が、時に、口を衝いて出る。

Key Sentence

18

世間は神のごときものだと考えられるか?

偏見や狭量の人もたくさんありますが、それは個々の問題で、全体について見れば世間の見方というのは非常に正しいものであると考えるのです。こういうところに私の事業信念がおかれているのです。大衆、世間の見方に誤りがあれば、これは非常に危険で、自分が正しいと信じてやったことも、正しく受け取ってくれないで、こちらが悩むことがある。だが、世間は神のごときものだ、と絶えず考えていますと、安心がいくわけですね。自分のしたことが当を得ておれば、必ず大衆はこれを受け入れてくれるにちがいない。ここに絶大な安心感があるわけですな。

(『松下幸之助発言集』第12巻)

繁華街や駅、空港などのお店に、長蛇の列が続いている光景を時々見かけることがある。列の最後には、「最後尾」と書いた看板を持って、その店の人が立っている様子を見かけると、商いをしている人なら誰しも、「うらやましいな」と思うのではないだろうか。

普段、外に出かけることが多い私は、その列の盛衰ぶりを観察する。もちろん、いつも長蛇の列といった店も例外的にはある。しかし、大半の長蛇の列は、ある時期がくるとすっと消えていき、また別の店に新しい長蛇の列ができるのだ。「流行《はや》りはすたる」。最盛期には、飛ぶ鳥を落とす勢いの流行も、時間と共に、消え去る。裏返せば、大衆は移り気だとも言える。それに対して、私がもう一つ関心があるのは、百年、二百年、三百年と続いている老舗の経営だ。老舗に長蛇の列を見かけることはあまりない。しかし、店の前を通って観察していると、いつも大体同じようなお客さんの出入りがある。

私がある老舗の会社の経営者に、「お宅はどうして三百年もの間、商売が続いてきたのですか?」と聞いてみた。答えは一言であった。「流行を追わないことです」。

私たちが、何か事を為そうとする時に、小手先で一山当てようといった程度の動機では、大半が空振り、たまに当たっても、長く続かない。大衆の移り気に合わせようとする考え方そのものが、間違っているとも言える。

「大衆は正しい」と信じて仕事をすることができるかどうか？　個々に見れば、おかしい、変な大衆の声もいっぱいある。しかし、全体としてみたら、やはり正しいとしか言いようがない。数百年続く老舗は、基本において、時間を越えて大衆に支持されてきたからこそ、続けてこれたのである。瞬間、瞬間の客の好みに合わせようと思ったら、そんなに長く続くはずがない。

これは正しくないか、正しいかの議論ではない。そのように信じられるかどうかの問題である。信じられる人は、「大衆の動きをよく注目しよう」と思うだろう。また、「大衆の求めるものは何か」と常に観察するはずだ。また、「大衆の声に耳を傾けよう」とする姿勢も、自ずと身についてくるだろう。

松下幸之助は、「〝世間は神のごとく正しい〟と思うところに、企業の安心感がある」と教えた。世に一流と言われるものは、企業であれ、芸術家であれ、野球選手であれ、歌手であれ、やっぱり長く続いている。下手な歌手が、若い頃から

歳取るまで人気があり続けることはない。下手な野球選手が、新人の時から引退の前まで華やかな活躍をすることもない。やはり、大きな意味で、広い意味で、「世間は神のごときものである」としか言いようがない。あぶくのように成功して脚光浴びることは、どの世界でも日常茶飯にある。しかし、あっという間に消えていく。それを見ていると、やはり、「世間は正しい」。

松下幸之助は、それを、「私の事業信念」と言っていることに注目したい。事業をしていく上で、根本的に信じていることという意味だ。その信念があったからこそ、人並外れて世間の声に耳を傾けることができたのだ。

Key Sentence

19

会社は何のために存在するのか?

機械、設備にしても、資本金にしても、また製品にしても、すぐれている点もあるが、われわれ以上のところもずいぶん多い。しかしどこにも負けない、比肩を許さないものがただ一つある。それは〝経営の基本理念〟である。これが幾多のわが社の短所を補って今日をなさしめたのである。松下電器の経営理念というものは、昭和七年(一九三二)五月五日の創業記念日と定めた式典のとき宣言したあの内容であるが、要するに〝社会の繁栄のために、電気器具を泉の水のこんこんと湧き出るごとく生産する〟ということである。この信念に徹して、これを経営の上に具現することに今日まで専念してきた。

(『松下幸之助発言集』第25巻)

松下幸之助発言集の全四十五巻を読破することに挑戦して、松下幸之助が人生を通じて、繰り返し、何度も強調する考えが浮かび上がるようになった。

その代表は、「経営理念」である。松下電器では、「経営基本方針」と呼んでいた。幹部はもとより、すべての社員が骨の髄までしみ込ませていたのが、「経営基本方針」であった。即ち、「何のために会社が存在するのか」という根本に対する考えである。

私の知る限り、どこの会社にも、経営理念と呼ばれるものはある。しかし、それが、すべての経営活動の背骨として、すべての社員の仕事に貫かれているかと問われると、建前やお題目、お飾りで終わっているケースも少なくない。松下幸之助は、「松下電器の社員は〝金太郎あめ〟と言われることがある。ひるまなくていい。経営の基本方針において〝金太郎あめ〟であることは、まことに結構なこと」と言ったほどである。

経営理念とは、「何のために」という目的を明確にしたものだ。実は、「何のために」という目的についての問い掛けは、私たちの人生のすべてにおいて、基本中の基本である。あなたは「何のために働いているのですか？」。それは、まさ

に、あなたが働く理念を問われているのだ。「生活のため」と言う人もいるだろう。「仕事を通じて世のため人のために役立つため」と言う人もいるだろう。「何となく、他に行くところもないので」と言う人もいるだろう。理念は、人の行動の根本中の根本であり、意欲の源だ。

サラリーマン時代、徹底して鍛えられたのは、「趣意書」だ。事を始める時、必ず「趣意書を書け」と言われた。「何のために事を起こすのか、目的を書け」というのだ。

私は当事者ではなかったが、松下政経塾を設立する時に、「設立趣意書」を書けと言われて、五十回近く書き直したと聞いた。「趣意書が完璧にできれば、事は、既に、半分以上はなっている」と、松下幸之助は教えた。事を起こす時に、「何のために」を明確にした趣意書は、その後の運営の羅針盤になる。また趣意書を苦労しながら書き進むうちに、徐々に自分の心の中に目的がしみ込んでいくのだ。

当時は、すべての仕事を新しく起こそうと企画した時、「趣意書」を書くことは、社内の常識だった。資金計画も人員計画も、すべては、「趣意書」が完成し

なければ着手させてもらえなかった。目的や方向があいまいなままに事を始めたら、先に進めば進むほど、そのツケが回って、うまくいかないというわけだ。

「何のために」、即ち、目的を明確にすることは、組織が一体になる最大の前提条件である。あの山に登ろうと、目標がはっきりしているから、協力し合う道がひらけるのだ。「どこかの山に登ろう」という程度の話し合いで山登りをしたら、途中で、「こんな高い山に登るつもりはなかった」とか「こんな低い山に登ることなど、登山のうちに入らない」など、様々な意見が出て混乱する。経営理念は、企業活動の根本であり、そこで働く人たちの〝共通した働く目的〟になった時、組織は勢いづく。

Key Sentence
20

一割の利益を取れないことは許さんぞ

資本は天下の資本であり、働く人は国家の国民である。その天下の資本を使い、国家の国民を使って事業をして、一割の利益も取れないということは許さんぞ、それは罰するぞ、という法律ができたら、私は非常に面白いと思います。

（『松下幸之助発言集』第１巻）

利益に対する見方は、経営者の真価が問われるところだ。経営者によっては、なりふり構わず〝儲けること〟に血道を上げる人もいる。概して、世間の人たちからは、〝我利我利亡者〟だと嫌われる。

松下幸之助の利益に対する考え方は、まったく違う。とにかく見方が大きく、的を射ている。長者番付のトップの位置に長年ありながら、多くの国民から、〝経営の神様〟といって尊敬を集めた理由の一つは、その考え方の正しさにある。

私もしばしば言われたのは、「君は天下の人や」。それは、どういう意味か？「君が大学を卒業するまで、どれほどの税金がかかっていることか。国のお金で育てた人たちは、言葉を変えたら、〝天下の人〟や。その〝天下の人〟を一企業で使わせていただくのやから、利益を上げて国にお返ししなければならない」。だから、経営者は、基本的に、「うちで雇っている社員」である前に、「天下の人をお預かりしている」と考えなければならないのだ。

また、土地一つとっても、「うちの土地」とたいていの人は考えるが、松下幸之助は、「地球創生のはるかかなたから、気の遠くなるような時間を経てできた土地は、自分の名義であっても、それは仮の姿。本来は、天下の共有物である」

と考えた。資源についても同じだ。鉄の板一枚を買ってきても、これは天下の資源を使わせていただいていると考えられるかどうかだ。「私がお金を払って買ったのだから、私の所有物です。どんなふうに使おうと私の自由でしょう」と考える経営者と、「私がお金を払ったとはいうものの、この鉄は地球上の大切な資源である。いわば天下の資源を使わせてもらっているのだ」と考える経営者では、おのずと経営の内容が変わってくるのは当然だ。

その松下幸之助の基本的な考え方を理解しておかないと、「企業はなりふり構わず利益を上げなければならない」と考える経営者との根本的な違いが分からない。

かつて、赤字経営の関連会社のトップが、松下幸之助に経営内容の報告に来たことがある。顔を見て開口一番、松下幸之助は、「君、まさか、道路の真ん中を歩いてきたのやないやろな」と厳しい顔で問い詰めた。「赤字は罪悪だ」と考える松下幸之助からしたら、天下の人を使い、天下の土地を使い、天下の資源を使わせてもらって経営しながら、天下にお返しできないことは許されない。天下のお金でつくった道路を歩くにしても、「大きな顔をして歩いてはいけない。遠慮

して端っこを歩いてこい」といった、厳しい指摘だ。

松下幸之助が〝経営の神様〟と呼ばれるのは、ただ単に〝お金儲けが上手〟だったからではない。もしその程度の評価なら、〝神様〟などといった呼ばれ方はしなかっただろう。私は、「公的精神」が、基本にあるからこそ、多くの人たちに敬意を表されるようになったと思う。とりわけ、利益に対する考え方は、崇高とも言える。

「こんなにも様々なおかげをもって経営できているのに、社会に対して何のお返しもしない経営は罪悪である」と断定する厳しさを学ばなければならない。

何とかして黒字を回避して、税金の支払いを少しでも逃れようとするような姑《こ》息《そく》な考え方は、「経営者の風上にもおけない」と、松下幸之助の厳しい叱声が聞こえてくるようである。

Key Sentence

21

その昼食の弁当は、なんぼや？

重役が会議するときには、会社から弁当を出しております。それで私はたまたま「この弁当はなんぼや」ときいたんです。弁当はたまに注文するのでありますから、それは少々高いでしょう。けれどもきいてみますと、相当高い弁当で、五百円だということでありました。

東京でこのあいだぼくは会社へお客さんをお招きした。そのとき昼食に会社の食堂からおスシをとってお出ししよう、別にごちそうがなくても、社員が食べるおスシをとってくれ、ということでとってもらったんです。皆さんに喜んで食べてもらいましたが、これが百円でした。

（『松下幸之助発言集』第25巻）

この話は相当、昔のことだ。私が入社する五年ほど前である。私の初任給が二万四千円だったから、貨幣の価値を十倍すれば、弁当の五百円は、今で言えば、五千円ほどだろう。松下幸之助は、昼食は千円程度が相場であって、五千円はいかにも高い、まして社内の会合にそんな高価な弁当を出す感覚に警鐘を鳴らしているのだ。

当時でも、既に三万人ほどの大きな会社になっていた。その会社のトップが、目の前の五百円の弁当に文句をつけるのは、「ちょっと細か過ぎるのではないか」と思う人もいるかもしれない。しかし、裸一貫、無一文から立ち上がった筋金入りの経営者は、目の前の弁当の値段にまでコスト意識が脈打っていると思うと、背筋が伸びる。

とかくサラリーマン経営者は、「こんな細かいことを言うとみんなに反感を買うかもしれない。弁当ぐらいはいいか」とつい、目をつぶってしまう。私も、かつて経営する立場にあったから、その心の綾《あや》は手に取るように分かる。

松下幸之助の口癖は、「それはなんぼ（いくら）するのや」。

かつて、営業の役員にまでなった人の思い出話。若い頃、宣伝の仕事をしてい

た。夜、残業して、一所懸命にある商品の広告案を考えていた。当時、会社はまだ小さかった。残業している時にひょっこり、「ご苦労さん」と松下幸之助が部屋に入ってきた。そして、その若い宣伝担当者に、「君、ええ（いい）鉛筆使っているな」と声を掛けた。「ハイ、使いやすいです」とでも答えたのであろう。「ところで、君、その鉛筆なんぼ（いくら）や？」と質問した。答えられない。続いて、「その紙は、なんぼや？」。答えられない。「ところでこの広告でなんぼ売るつもりや？」と突っ込まれた。もう、しどろもどろだ。「君、芸術作品をつくっているのやない。宣伝である限りは、いくらのコストを使って、いくらの金額の効果を上げるのかをちゃんと考えて仕事をせなあかんな」と言って、立ち去った。

私が若い頃、松下幸之助のところに報告に行く時には、周りの先輩諸氏が、「数字を覚えて行けよ。聞かれるから」と忠告してくれた。「それなんぼや？」と。

痛恨の思い出は、松下政経塾時代、塾生募集の広告の決裁をもらうために出かけた時のことだ。開塾以来、塾生募集は、全国紙に全五段の広告を掲載し、予算は五千万円が実績だった。だから、私は例年のとおりに、全五段の広告を作成し、新聞社に掲載の手配も終え、後は一言、「ええな。進めてんか」の一言をもらえ

ばいいだけだった。

松下幸之助が治療を受けていた、東京世田谷の鍼灸《しんきゅう》の診療所まで行き、そこからロールスロイスに乗って次の場所までの移動中の車内が、決裁を求める私に与えられた時間だった。余談になるが、ロールスロイスに乗ったのは、それが初めてで最後だ。

助手席から、後部座席に座る松下幸之助に向かい、「いかがでしょうか?」と確認した。松下幸之助は、「何人採るつもりか? なんぼ掛かるのや?」ときた。私は、「十人前後です」と答えた。「費用は?」、「例年どおり五千万円です」と答えたら、広告の原稿を手刀で切るように上下に動かしながら、「半分にし」。それまで採用してきた塾生の半分しか採らないのであれば、広告の大きさも半分でいいというわけだ。私の頭の中は真っ白になった。ロールスロイスから降りたくなった。

Key Sentence

22

敏捷さを欠いた動作を叱る

先般の熱海の会談でありますが、あの会談でふと感じたことを一つ申しますと、お客様の意見を聞くというときにマイクを持っていきます。話が場内に聞こえるように、どういうことを質問するのかということが、みんなに分かるようにマイクを持っていくわけでありますが、その持っていく動作ひとつを見たときに、これではいかんというということを感じたのであります。それは非常に敏捷《びんしょう》さを欠いているということです。（中略）こういうことではほんとうの仕事をすることはできない。そういうことは常に訓練されていなければならない。

（『松下幸之助発言集』第26巻）

熱海会談は、全国の販売代理店さんを一堂に集めて開かれた、松下電器の歴史に残る行事であった。不況期にあって、九割近くの代理店さんが赤字経営に苦しんでいる時の会議で、松下幸之助が涙を流したエピソードもある。

その時に会場の準備で走り回っていた人は、私も旧知の間柄だ。「とにかく松下幸之助はピリピリしていた。前の晩、会場準備するのに、どれほどの心遣いをしたか。椅子と机を並べた上で、壇の高さは低いか高いか、何度も実際に並べて確認した。また、座ったすべての人の顔が壇上から見えるかどうかも確認した。結局、当日の朝まで準備にかかった」と言う。〝完璧を期す〟という松下幸之助の流儀が貫かれた。

だからこそ、社員が普通に行動していることが、大変に気になったのであろう。社員がことさら緩慢な動きをしていたことはないだろう。普通に動いていた、あるいはいつものように動いていたことが気に入らなかったのである。

こんな話を知ると、私は、自らの現役時代に鍛えられた経験を思い起こす。宴席の座布団、お膳の位置まで、寸分ずれることなく並べるよう、徹底して仕込まれた。

中でも、松下政経塾時代のことは忘れられない。

晴れの入塾式。入塾する人たちはもとより、その家族、さらには塾の役員さんたちやマスコミの取材陣など、大勢の人たちが集まる。当然松下幸之助は、事前のチェックを怠らない。そのチェックの仕方が尋常ではないのだ。

私が何より驚き、学んだことは、最後に、お客様の立場で確認する姿勢だ。まず塾の正門に立つ。お客様がそのようにされるように。そしてお客様の通る道を想定して、お客様の目線で最終の確認をする。「この傘立ての傘が乱雑だ」とか、「入口のガラスに指紋がついている」とか、まことに事細かい。そして最後に会場に入ると、最前列、真ん中、最後列など、お客様が座られる場所を想定して、舞台の見え方はどうか、音の聞こえ具合はどうかなど、すべてを入念に確認する。

私が知る範囲では、最後にお客様の立場に置き換えて、お客様から見てどのように見え、どのように聞こえるかなど、最終の確認をする取り組みは初めての経験であった。今なお、その確認の方法は、私にしみついている。

お店の掃除を見ていても、大抵の店は普通に掃除をしている。しかし、最後に、自らをお客様の立場に置いて、お客様の目で確認する店は少ない。「お客様の立

場に立つ」という習慣は、そういうきめ細かい実践を通じて身につくものであろう。

かつて、私が指導している人が経営する美容室に行ったことがある。「掃除をきちんとしている?」と聞いた。「もちろんです。職業柄、掃除は徹底してします」との答えだった。私は、「そうだろうか」と疑問を呈した。ふと見上げた天井に取り付けたエアコンの底板がさびている。「あなたは天井を向いて仕事をしないけど、シートを倒した時、お客様は終始、あお向けの姿勢で天井を見ている。さびたエアコンの板をずっと見ているわけだ。お客様は、汚い店だと思うよ」。

Key Sentence

23

そんなことを社長に言うたらあかんぞ!

直接自分(社長)に訴えたりするということを、みんなはたが拒むわけである。そんなことを社長に言うたらあかんぞ、そんなことを会長に言うたらあかんぞということで、みなその途中で遮っているわけやから、重要なことは何も分からないようになっている。ほんとうの市場を把握することができない。だからたまたま部下から進言があったときには、打てば響くような答えができない。こと細かにきかなくては分からない。そのあいだだけでも時間がかかるわけである。そういうやり方は断じてやってはならないということを、私は五十年間言い通してきたわけです。

(『松下幸之助発言集』第28巻)

松下電器が徐々に、巨大企業になっていくに従い、組織運営が硬直化しつつあることに松下幸之助は大きな危惧を抱いた。「形式的な仕事になるな」としばしば、社員に向かって警鐘を鳴らしている。

「相当長い年月にわたって、発想を新たにし、そして革新的な具体案をつくって、それを実践実行し、成果を挙げるという一連の仕事を一人の人間がやらないといかん。次の社長はそういう人でなければならんということを考えた。少し常軌を逸する、世間はあるいはいろいろな批判をするかも分からない。けれども、そういう考えでやったならば、世間が何と言おうが構わない。我々は大きな観点から改革するのだから、平社員からでも構わない。重役のうちからであればなお結構である」という観点から、三代目の社長に、山下俊彦氏が選ばれた。かなり大胆な社長人事に、世間から大きな反響があった。

山下氏は、当時、エアコン部門の責任者で取締役だった。とは言え、役員の序列で言えば、末席から二番目だった。そのことから、マスコミには、〝ブービー役員〟と言われた。

多士済々、長老格の大物役員も多数いる中での抜擢《ばってき》は〝山下跳び〟とも言われ

た。それは、組織の硬直化を打破するためのかなり大胆な決断でもあった。私は、当時、本社の広報本部に在籍して、社内新聞の編集の仕事をしていたことから、新社長を応援する企画をいろいろと提言し、実現した。

山下社長は、松下幸之助の期待に応えて、まことに大胆な手腕を発揮した。若くて血気盛んな私は、そのやり方に大いに共鳴共感した。

例えば、事業部長が社長室に入る。頭を低くして、「今日はいいお天気で」と挨拶する。「見たら分かるわな」と、まず山下さんが相手の出鼻をくじく。事業部長が、いかに自ら頑張っているかを誇示するかの如く、事業概況を報告し始める。山下社長は、「君が頑張っていることは分かった。それよりも、問題点は何か？」と迫る。

山下社長には、おべんちゃら、お世辞がまったく通用しない。手続きや序列といった形式主義が大嫌い。そして、余分なことは言わない。単刀直入に、「ところで問題点は何か？」と迫る圧倒的なパワーは、会社の風土をどんどんと変えていった。

山下社長の登場に、私は大いに燃えた。ぜひ、山下社長の登場を応援する企画

をと思い、〝社長の職場訪問〟という社内新聞の企画を考え出した。新社長は、〝雲の上の人〟ではない。私たち社員にとって極めて身近な人であるというイメージを、全社に植えつけたかった。

そのために、社長が自ら、第一線の職場に足を運び、そこで働く現場の社員と膝突き合わせて話し合う企画だ。内容は大きく社内報の一ページを使って紹介した。

最初に企画を社長に提案した時、「それはいい。どんな順番で回るか考えてこい」と言われて、計画を立てた。私は、社長に見せて恥ずかしくない花形事業場を優先して一覧表をつくった。

ところが、山下社長に一喝された。「意識改革の企画ではないのか。社長が花形の職場から訪問してどうする。役員が一度も行ったことのないような日の当たらない事業場から回る」の一言。私は目が覚めた。そして一層、その企画に大いに力が入った。

Key Sentence
24

君、本当に経営の仕事が好きか？

経営のコツをつかむために何といっても大事なのは、自分はこの事業部の経営者である、最高の経営者であるという自覚をもつことですね。これはまあいうまでもないことですが、そういうはっきりした自覚をもってもらうことがまず第一である。その自覚がないといけない。それともう一つは、経営者というものは、経営というものに興味をもたなくてはいけない。自分は経営することが好きなんだという気持ちになることです。会社から命じられたから、社員やから、役員やからやらざるをえないというようなことでは、とても生きた経営はできない。

（『松下幸之助発言集』第28巻）

私が電子レンジの販売課長だった時代の上司の小川守正氏が、先般、亡くなった。山登りの好きな人で、九十歳を越えて長生きした。小川氏の思い出をつづった遺稿が完成して、私にも届けられた。

その中に、小川氏が、電子レンジの事業部長に就任して、本社で、松下幸之助から辞令をもらう時のエピソードが紹介されていた。

晴れて事業部長の要職に立つことになった小川氏は、期待と緊張感に満ちて、本社にいる松下幸之助のところを訪ねた。

部屋に入ってすぐに松下幸之助は、小川氏に質問した。「君、経営が好きか?」と。小川氏、「ハイ好きです」と答えようと思ったけれども、相手は〝経営の神様〟とも称される偉大な経営者である。「ハイ好きです」と、一瞬、答えることがはばかられた。

松下幸之助は、「経営というものは、よかれと思ってやることもうまくいかないことがいっぱいある。そんな時、好きやなかったら病気になってしまう。経営が好きだったら、どんなつらい時でも、病気にならんのや。だから、もし好きやなかったら、今すぐ言うてくれ。松下電器には他にいろいろな仕事があるから、

すぐに代わってもらう」と、真顔で言った。

そこまで言われたら、小川氏、今さら、「嫌いです」とは言えない。思い切って大きな声で、「好きです。大好きです」と答えた。松下幸之助はその答えを聞いてにっこり笑って、やっと事業部長就任の辞令を渡してくれたそうである。最後に落ちがある。「好きです。大好きです」と答えた小川氏に向かって、「下手な横好きはあかんで」と。私は思わず笑った。絶妙なやり取りではないか。

私は若い人たちにいつも、「好きな仕事をするのではない。与えられた仕事を好きになる努力をしろ」と教える。好きな仕事をしようと思うと、わがままになるのだ。「この仕事は私に向いていない」とか、「好きだと思ったけれども、実際にやってみたら、あまり好きになれない」とか言う人が多い。

与えられた仕事を好きになるためにはどうすればいいか。それには、どんな仕事でも「ハイ喜んで」と引き受けることがまず前提条件だ。その上で、「私の働く目的は、仕事にあるのではありません。仕事は、あくまでも手段です。私は、人のお役に立ち、人を喜ばせるために働いているのです」と考えるならば、仕事を選ぶことはしなくなる。

自分に与えられた仕事を好きになれば、会社に行くのも楽しみだ。働くのも楽しみだ。楽しいから、さらに身が入る。

私は、松下政経塾に出向を命じられた時、「電子レンジの販売の仕事をしてきた私に政治家を育てる仕事など無理です」と松下幸之助に断りに行ったほどだ。しかし、松下幸之助は、「君、素人でもな、日本の政治の現状をほうっておけんぞ。とにかく熱心であれば、素人の君も道をひらくことができる」と言われて、松下政経塾で働くことになった。そして、今、私は何と言っているか、「これは天職や」。出向を命じられた時に逃げ回っていた私が、教えられたとおり、懸命に惚れ込んで仕事をしているうちに、いつの間にか〝天職〟になってしまったのだ。

〝天職〟は、探し出すものではなく、努力によってつくり上げていくものだとつくづく思う。

Key Sentence

25

非採用者は将来のお客さん

人の採用に際し最も心がけなくてはならぬことは、採用した人はいうまでもなく松下の社員となるのであるが、非採用者は将来松下電器のお客さんとなる人であるとの観念をもつことである。一度松下電器を志望した人は、少なくとも将来松下電器に対し相当の関心をもつはずであるから、これに対し十分によき印象を与えなくてはならぬことはもちろんである。

（『松下幸之助発言集』第29巻）

昭和十一年十一月一日に書かれたこの文章を読んでいて、非常に驚いたのは、松下政経塾時代に同じことを経験したことである。「あの時の発言の源は、八十年以上も前にあったのか」と感慨深く受け止めた。

「君、松下政経塾の入塾試験を受けに来る人は何人ほどいるのや?」と塾長である松下幸之助から聞かれた。「初年度は九百人を超えましたが、その後は、大体五百人ほどです」と答えた。「そのうち何人採るのや?」とさらに聞かれたので、「初年度は二十三人でしたが、二年目以降は二十人足らずです」と答えた。「そうか、ほとんどの人は、落ちるわけやな」と松下幸之助。「そのとおりです」と私。次の瞬間、「落ちる人たちに喜んで落ちてもらえ」の一言。私は瞬間、何のことだか、理解できなかった。「どういう意味ですか?」と質問した。「君、落ちた人たちも、松下政経塾に関心と興味があったから試験を受けにきたわけや。いわば、まったく関心のない普通の人たちとは違って、松下政経塾のファンや。せっかく関心と興味を持ってきてくれた人を、そのまま切り捨てるような試験をしたらあかんな。だから、試験のやりかたを工夫して、一生、松下政経塾のファンになってもらえるような方法を考えてんか」と言った。

私は、最初、「そんなこと無理ではないか」と、心の中で叫んだ。せっかく受けにきた塾の試験に落ちたら、「縁がなかった」と誰でも思うだろう。「もう、松下政経塾のことはきっぱり忘れよう」とも思うだろう。だから、落ちた人との縁をつなぐようなことは不可能である。

しかし、関心があるから受けにきた限りは、確かにファンである。まったく関心のない人たちと比べれば、はるかにありがたい人たちであることも事実だ。いろいろ考えているうちに、落ちた人たちを、ファンとしてつなぎとめる方法があるかもしれないと思った。

私は、翌年から試験の方法を変えた。受けにきた人たち全員を、〝塾生〟として受け入れることにした。ただし、受験時だけの〝二日塾生〟と、所定の研修年限で学んでもらう〝五年塾生〟とに分けるのである。「皆さんは、松下政経塾の設立趣旨に共鳴共感して門を叩いていただきました。その意味では、既に皆さん全員、同志であり、塾生であります。ただし、施設の関係や予算の関係もあり、すべての人たちを五年間受け入れることはできません。今日と明日の二日間の塾生と五年間の塾生に分かれていただくこと、ご了解ください。しかし、どちらも、

大切な同志であります」と言って、その二日間は、試験スタイルではなく、合宿しながら塾生活を体験してもらう趣向にした。

考えてみたら、試験を受けてみようかと考えるのは、既に縁のある証拠だ。業界か、会社か、仕事内容か、選ぶポイントは異なっても、「受けてみよう」と思ったことは、そこに縁がつながれたことになる。「受けにきた人はみんなうちの会社のファンや」の考え方は、さすがではないか。そう考えると、試験でふるい落とすなどと考えるのは、〝商売人根性〟がなさ過ぎるとも言えよう。「試験に落としてごめん。だけど、あなたとのご縁は一生続く」と、そこに何かの工夫があると、見事な会社とも言えよう。

私はかつて、そんな話を宮城県の仙台市で紹介したことがある。聴衆の一人が、講演の後、私のところに来られて、「あなたの話、よく分かる。かつて、東北大学から松下電器の試験を受けに行った人がニコニコしながら帰ってきたので、合格したのかと思って聞いたら、『落ちた』と言う。『落ちたのにどうしてそんなにニコニコしているの?』と聞いたら、『あんな親切な会社は初めて。本当に気持ちよかった』と、理由を教えてくれた」とエピソードを教えてもらった。

Key Sentence
26

徹底的に賛成してもらわなければ困る

（仕入れルートを新たにする提案に対して）「皆さんの仕事としてて率先垂範するという意味でやってくださるかどうかということまで、私はお尋ねしたい。それほど大事な仕事やから、徹底的に賛成してもらいたい。満場一致をもって賛成してもらいたい。そして、このこと自体が松下の仕事やない、この新ルートをつくることは、われわれ自身の仕事やと思ってもらいたい」ということを、ぼくは言うたんです。そしたら、全部手を叩いたですよ。ぼくは感激しましたなあ。

（『松下幸之助発言集』第33巻）

この話は、私が入社してしばらくしてからのことだ。

それまで、全国の電器店さんは、ナショナルの卸屋（代理店）であれば、どこからでも自由に仕入れられる体制だった。しかし、景気が悪くなると共に、それは乱売を生み、卸屋さんや小売店の経営を圧迫した。

そこで、既に現役を引退していた松下幸之助が、病気で療養中の営業本部長に代わって陣頭指揮して、「一地区一販売会社」制度に踏み切った。それを大阪地区の電器店さんに説明していた時の光景が、この文章である。電器店さんが、なかなか決断できない時に、松下幸之助が決然として迫った時の話だ。松下幸之助の迫力が伝わってくる。

「徹底的に賛成してもらわなければ困る」といった迫り方が、人々の心をわしづかみにしたのである。

私が広報時代の思い出を紹介したい。

右記の制度の実を上げるために、松下電器では、「地区担当制度」が導入された。それは、社内の各部門から選ばれた課長クラスの人たちを、販売店さんの相談役として、全国各地の営業所に派遣する制度であった。

制度の目的はいいとしても、派遣される人たちは、まったく営業部門と関係ない人や単身赴任者が多かった。それぞれ家庭の事情もあり、戸惑いの空気が広がった。

そんな中で、いよいよ出発の決起大会が本社で開催された。私は社内新聞の取材のためにその場に立ち会っていた。松下幸之助は鉢巻き姿で、陣頭に立ち、みんなを鼓舞した。しかし、今一つ、士気が上がらない。派遣される人たちの心情が表れたのであろう。

その空気を察知した松下幸之助は、出発の直前に立ち上がり、「大切な壮行会ではあるが、どうも皆さんの意気が盛り上がっていない。熱い思いが伝わってこない。このまま行ったのではかえって相手に迷惑が掛かる。出発は延期する」と言い放ったのだ。

午後の新幹線や飛行機の手配は既に済んでいる。しかし、松下幸之助は、「こんな状態で派遣したのでは、お店にとってかえって迷惑だ」と引き下がらなかったのである。

松下幸之助に厳しい指摘をされた人たちは、急遽《きゅうきょ》、その場で会合を開いた。

そして午後一番、会議が再開した時、「私たちが悪うございました。心配をおかけするような姿勢で赴任するのは申し訳なかった」と代表者が謝った。〝絶対賛成〟を求めた松下幸之助の厳しさだ。

Key Sentence

27

好景気は〝駆け足〟、不景気は〝ゆるゆる歩き〟

景気が非常にいいということは、いいかえますと、駆け足をしているようなものであります。不景気というものは、ゆるゆる歩いているようなものであります。そうでありますから、駆け足のときにはほかに目が移らない。ほかにいろいろな欠陥があってもそれが目につかないのでありますが、不景気になりますと、ゆるゆる歩きますから、前後左右に目が移りまして、ああこういうところに欠陥があるなあ、こういうところに醜い点があるなあ、ここがよごれているなあというようなことで、これを直しておこうということになります。そういうような修復、訂正ができるわけであります。

（『松下幸之助発言集』第34巻）

人間の心というものは、変幻自在。コロコロ変わる。絶対的な良し悪しなど、断定的に決められないものである。

例えば、若い人の中には、ぼろぼろのズボンをはいている人がいる。膝が破れて、脛《すね》が見えている。思わず、「ほころびていますよ」と注意したくなる。ところが、これが一つのファッションである。私が子供の頃は、破れたものをそのまま着ていると、大変に恥ずかしかった。だから、母親たちはほころびた箇所を一所懸命に修繕した。その頃の若い人たちは、ほころびなどがまったくない服を着ることにあこがれたのである。今は、ほころびている方がむしろいいというのだ。

物事をあるがままに受け入れる心を大切にする松下幸之助は、見方を変えれば、どちらもいいのではないかというのだ。

「好景気よし、不景気なおよし」。そんなふうに考えられる経営者は極めてまれだ。ほとんどの人は、「好景気は大いによし、不景気は大いに悪し」である。だから、不景気が来ると、途方に暮れて頭を抱えてしまう。松下幸之助は、「不景気もよろしいな」と前向きに受け止めたのだ。その理由が、ここには記されている。

私は、その影響を多分に受けている。今回の新型コロナウイルスの世界的な感染拡大によって、外出が制限された。それまで、月のうちの半分以上は、全国各地を飛び回っていて、家には着替えを取りに帰るような生活であった。それはそれで、全国各地、世界各地の様々な人や景色、食べものなどに出会えて、大変に楽しい日々であった。

それが一転して、外出自粛。外に出てはいけない生活を強いられた。まさに、この文章で言う〝ゆるゆる歩きの生活〟を強いられたのだ。確かに、外にばかり出かけている生活をしている時には、我が家の庭に咲いている花など見向きもしていなかった。〝ゆるゆる歩き〟になると、「きれいに咲いているな」と目が留まる。また、外に出かけるばかりで手入れをしていないため庭に雑草がぼうぼうと生えていることにも気づかなかったが、〝ゆるゆる生活〟になって、「久しぶりに草取りでもするか」となった。

何より、何十年も、ほこりをかぶったままに放置してあった『松下幸之助発言集』に手が伸びたのも、〝ゆるゆる生活〟のおかげだ。外出の日々には、持ち歩きが楽な文庫本ばかり読んでいた。がっしりとしたケースに入った全集ものを引

っ張り出すことができたのも、こうした文章を書けるのも、〝ゆるゆる歩き〟のおかげである。

〝駆け足〟生活よし。〝ゆるゆる生活〟よし。そう考えると、結局、「すべてよし」と受け入れることができる。普通は、その受け入れがなかなか難しいのである。〝ゆるゆる歩き〟の生活を楽しむことなく、〝駆け足〟生活にばかり目が向いていると、「いったい、いつになったら走れるのだ」とイライラする。目の前に咲いている花を蹴飛ばして、「早く〝駆け足〟させろ」と八つ当たりの生き方になってしまう。

Key Sentence

28

〝ダム経営〟が安定と安心を生む

わが国では、景気が悪くなると、各企業は採算を度外視してでも商品を安売りしていこうとする傾向があるようだ。そしてそれが市場を混乱させ、あるいは企業の行きづまりを招き、結局は消費者にも多大の迷惑をかけているように思う。

反対に、景気が少しでもよい方向へ向かうと、今度はわれもわれもと各企業がいっせいに設備を拡張して、むやみやたらと物をつくる場合が多いようだ。そこには、ダムをつくって水をため、それを必要に応じて有効に活用するというような安定供給の姿がほとんど見られない。

（『松下幸之助発言集』第40巻）

京セラの創業者である稲盛和夫さんは、松下政経塾の役員であった。そのために、研修の一環として、塾生たちに話をしていただく機会もあった。〝ダム経営〟について、稲盛さんが初めて紹介された自らの経験談を、私は今も鮮明に記憶している。

「その時は、中小企業経営者を対象にした講演会でした。講師であった松下さんの話のあと、『どうすればダム経営ができるでしょうか？』と、質疑応答の時に、手を挙げて質問した人がいました。

松下幸之助さんはしばらく考えたあと、『強く願うことですな』といった答えをされました。

その答えを聞いていた、私の周りにいた中小企業の経営者たちは、『松下さんのような大企業で、しかも儲かっている会社の経営者だから言えることであって、我々のような中小、零細企業に、ダム経営など無理だ』と言っておりました。しかし、私は違いました。目から鱗《うろこ》が落ちる思いでした。今まで抱えてきたもやもやとした経営の悩みが吹き飛びました。それから、私の経営は変わりました」と稲盛さんが話された。

私はその時、なるほど、同じ話を聞いていても、それが人生の大きな転機になるような聞き方をする人もいれば、「それはうちのような中小企業では無理なことだ」と最初から諦めてしまう人がいることを教えられた。

私たちの経営の違いは、聞いている話の内容の違いではないのだ。同じ話を聞いていても、「うちには関係ない」「うちでは無理な話」と、最初から心を閉ざしてしまっているか、いないかの違いなのだと学び取ったのである。

「私には無理」「うちには関係ないこと」と拒否した瞬間から、どんな話も、どんな情報も、何の価値も持たなくなる。

新型コロナウイルス感染の拡大により、経営的に極めて苦しい状況にある企業は少なくない。仮に、普段から、〝ダム経営〟を進めてきていたら、渇水期にダムに蓄えている水を流すように、何とか苦しい時も持ちこたえられるだろう。逆にまったくダムがなく、目いっぱいの状態で経営を進めてきた会社は、たちまち行き詰まっていくはずである。

人生経営もしかりである。万一の時、また大逆境の時にも、うろたえないためには、平時から〝ダム経営〟を心掛けることが肝要だ。

そしてそれは、儲かっているからできることではない。「よし、やる」と心を決めることが実現の第一歩である。

Key Sentence

29

瀬戸内海を一からつくったとしたら

（瀬戸内海を一からつくるには）何百兆円、何千兆円という莫《ばく》大《だい》な費用を投入しなければならないのではあるまいか。しかも、それには何十年、何百年の長い年月を要するであろう。（中略）つまり、それほどの価値あるものを自然はすでにつくりあげ、われわれにそっくりそのまま与えてくれているのである。（中略）そのように考えてみると、産業開発は確かに大事であり、また経済性の点から瀬戸内海地方は産業開発に適してはいようが、やはり自然との調和を失ったときには、産業開発によって得られるプラスよりも、それによって失うマイナスのほうが、はるかに大きい。

（『松下幸之助発言集』第41巻）

損得勘定も、ここまでのスケールになると大きい。また大きいばかりではなく、着眼点のユニークさに驚く。環境保護の観点から様々な見方をする人はいるが、瀬戸内海を一からつくった時のコストを損得基準の物差しに持ち出す視点に、私は大いに驚くと共に、感心する。なるほど、そういう視点でものを見れば、何を守るべきかの判断ができる。私たちはとかく、得るものばかりを見て物事を判断するけれども、その結果失うものも実は大きいのだ。その損得計算のできる人がリーダーなのだろう。

松下政経塾に十四年間勤務したことにより、数多くの各界の一流の人たちにお会いする機会に恵まれた。それはある意味、私の人生における財産とも言える。その一流の人たちから学んだことが、私の生き方に大きく影響を与えているように思われる。

その一つの学びは、〝一流の人たちはけち臭くない〟ということである。もちろん、お金の使い方ではない。普段様々な判断をする時に、「損得の基準」をどこに置くかである。

一流と呼ばれる人たちは、決して、「自分の損得を基準に判断する」ことに熱

心ではない。「自分が儲けられるか、自分が立身出世できるか、自分が有名になれるか」といったように、自分一身がどのように得をするかという、己の損得を基準として生きている限り、世に一流と言われる会社や団体、組織に勤めていても、しょせん、〝人間二流〟〝人間三流〟である。

一方、〝人間一流〟の人は、見ている世界が広くて、大きい。損得の判断基準も桁外れに大きい。決してけち臭いことは考えていない。この瀬戸内海の話を読むにつけ、国土的損得を基準に考えている松下幸之助のものの見方の大きさを教えられ、圧倒される。〝己の損得〟ではなく、普通の人が想像さえできないような大きい〝損得計算〟ができる人なのだ。まさに、〝人間一流〟の一つの表れであろう。

目先の小さな損得にとらわれた〝小物〟ではなく、もっともっと大きな損得を常に考えて判断できる〝大物〟を目指したいものである。

私たちが物事を判断する時に、〝己の損得〟ではなく、より大きな損得を考える努力は、自らを〝人間一流〟に育てる身近な方法である。「それは会社全体にとって損か得か」→「それは業界全体にとって損か得か」→「それは日本にとっ

て損か得か」↓「それは人類全体にとって損か得か」↓「それは未来の人たちにとって損か得か」。どんどんと〝損得の基準〟を大きく、広く、深くすればするほど、〝人間として一流〟に近づいていけるのである。

ケチなことを考えてはいけない。人間がケチになってしまう。

Key Sentence

30

組合を説得して踏み切った「完全週五日制」

（週五日制は）会社が一つの理想として、むしろ労働組合を説得するというようなかたちにおいてやったのであります。普通であれば、労働組合から要求されてやるということになるのでありますが、今度の場合だけは反対でありました。組合がむしろそれに対していろいろ注文をつけ、週五日制にするのであれば、こうもしてくれ、ああもしてくれということでした。本来であれば、組合からぜひひとつやってもらいたい、そのためにわれわれはある種の協力をいたしましょう、こういうような申し出によって、しからばやろうかというのがだいたいの筋道だと思うのですが、松下電器の今回の週五日制は反対であったのです。

（『松下幸之助発言集』第27巻）

週五日制を導入した昭和四十年は、私が松下電器に入社した年である。

このメッセージを読んでいただいている皆さんは、私が松下幸之助に惚れ込んで松下電器に入社したと思われることだろう。もちろん松下幸之助に惹かれた面もあるが、私が松下電器に入社したいと思った第一の動機は、週五日制の魅力だったことは間違いない。それにしても、この文章を読んでいて興味深いのは、松下幸之助は、〝週五日制〟、すなわち〝働く日数〟に注目し、私のように働く側の者は〝週休二日制〟と、〝休む日数〟に関心を向けていたことだ。なるほど、松下幸之助が、「実施して大丈夫か。二日間遊びほうけて、月曜日には疲れ果てているというようなことにならないだろうな」と心配するはずだ。

私が入社した当時、日本の国内には、週休二日制を導入している会社などほとんどなかった。それどころか、週休一日さえままならない会社も多く、少し進んでいるといわれる会社でも、土曜日が〝半ドン〟だった。土曜日は、散髪屋さん、映画館、美術館など、どこへ行ってもガラガラ。我々社員は、「いい会社に入った」と素朴に実感した。

戦後しばらくして、松下幸之助は、初めてアメリカに行った。様々なことに驚

くのであるが、どこを訪問しても、受付の女性が、接客をしながら、タイプを打ち、電話交換の仕事をしていることにびっくりする。「アメリカでは、日本人が三人でする仕事を一人でしている。これでは二日休まないと身が持たないわな」と思う。そしてさらに、「これからこの国と競争しようと思ったら、日本人も同じような密度の濃い仕事をしなければならない」と考えたことが、週五日制導入のきっかけになったと聞いたことがある。

帰国後、昭和三十五年、「これから五年かけて準備し、昭和四十年から、完全週五日制を導入する」と高らかに宣言した。まだ戦争に負けた痛手から立ち直り切っていない時期だったから、世間は驚いた。労働組合は、労働強化になるのではないかと反対した。そして松下幸之助も、半面、大いに心配もしていたのだ。

物事を始める時には、〝他に先駆けて〟というものがなければ、本当の成功は望めない。「よそもするからうちもせざるを得ない」と、受け身でやることはうまくいかないというのである。週五日制は、その典型的な取り組みの一例である。私が入社した当時、松下電器では、全社挙げて、〝生産性倍増運動〟に取り組んでいた。週五日制は、生産性を倍にすることによって、実のあるものになった。

第三章

人を育てる

Key Sentence

31

人使いのコツは長所を見ること

人使いのコツがもしあるとするならば、誠心誠意ということを考えてその人と接していくほかないと思いますが、さらに具体的にいいますと、その人の長所を多く見るということが大事やと思うんです。極端な例を申しあげますと、太閤秀吉と光秀が信長をどう見ていたかという話になるんでありますが、秀吉は信長の長所を見ておった。終始長所が目についたわけですね。光秀も非常に誠実な人だと聞いていますが、常にその欠点を見たわけですね。信長の長所を見て、それに共鳴したのが秀吉です。欠点を見て、欠点を是正してあげようとしたのが光秀であります。信長にしてみると、どっちがうれしいでしょうか。

（『松下幸之助発言集』第2巻）

松下幸之助は、人を育てる〝名人〟だとうたわれた。〝名人〟たるゆえんはいくつもあるが、その一つの特徴は、「部下の長所を見つける」ことにかけては、抜きん出たものがあった気がする。その部下の長所も、誰が見ても長所と思うものではない。ここが実に大事なところではあるが、「見方を変えれば長所」と考える人だった。

周りの人が、「あれがあの人の短所であり、欠点だ」ということも、松下幸之助は、「否、見方変えたら長所やな」と言う。それは、単に、人間味あふれる人だったからだけではない。さすがに経営者だと思わせる〝経営力〟を感じさせられた。

〝経営力〟とは、「すべてを生かす力」だと、私は思っている。その観点に立てば、松下幸之助は、〝人を生かす〟名人であった。「縁があって入った会社で、すべての社員が百パーセント以上に力を発揮してもらわんことには、算盤《そろばん》に合わん」と根っこのところで思っていたのではないだろうか。仮にも、社員が持てる能力の半分しか発揮しないというのでは、経営者として我慢できなかったのではないか。

「見方を変えれば長所」と考えられるのが、経営者である。

その典型的な実例を、私自身が経験した。私は、四十歳まで、松下電器の電子レンジ事業部で販売課長をしていた。その私に、「松下政経塾に出向」という社命が下った。松下政経塾は天下の秀才を集めて政治家を中心とした次代のリーダーを育てるところと聞いていて、「私には無理だ」と思って、断りに行った。「電子レンジの販売課長に、政治家を育てる仕事などできません」と。誰が考えても、政治のド素人であり、電子レンジを売る仕事をしている私にできるはずがない。誰もが、「そのとおりだ」と私の肩を持ってくれた。

松下幸之助に直接、「私は政治のまったくの素人です。経験もなければ知識も、関心もありません」と訴えた。その時に、松下幸之助は、「君、素人か？　そらあ、いい」と一言。私は返す言葉もなかった。私が一番の〝欠点・短所・ハンディ〟だと思った素人を、松下幸之助は、長所だと言ったのである。

「なぜ素人がいいのですか？」、私は聞いてみた。「僕は、新しい政治家を育てたいんや。新しいことをするには、業界のしがらみにとらわれない素人の方がええのや」と、答えは単純明快だった。

私は十四年間、松下政経塾で仕事をする間、素人であることに徹した。それが結果的には正解だった。政治業界の常識にとらわれない分、世間からは新鮮に見えて、受け入れられたのである。欠点と思った素人が、実は長所だったのである。

かつて人伝えに聞いた話ではあるが、ある営業所に陰気な人がいた。営業所の空気を暗くするような陰気さだったとか。所長が、松下幸之助に配置転換を頼みに出かけた。松下幸之助は、「そんなに陰気か」と聞いた。「陰気です」と答えた所長に向かって、「君のところは営業やろ。お得意先が多いわな。お得意先が多ければ、お葬式やお通夜も多い。その担当にしたら、打ってつけやな」と言ったと言う。

事の真偽は確かめようがない。しかし、いかにも松下幸之助の「すべてを生かす」発想らしい話である。見方を変えたら、「短所も長所になる」。

Key Sentence

32

叱られるようになったら一人前

叱りもせず何もせずして、その部下が一人前になれば、それはこれほど楽なことございません。しかし、そんな楽なことできませんよ。いかなる人でもやっぱり叱ることは苦労ですよ。自分がしゃくにさわって思わず怒ったことでも、その思わず怒ることは、一つの努力ですわ。叱られる者からみたらそれはありがたいことです。このごろの人は、それを、「叱りやがった」と言って不足に思いますな。それは間違ってますのや。叱ってくれる人があるということは、ありがたいことです。

（『松下幸之助発言集』第３巻）

誰でも、他人から褒められたらうれしいし、天にも昇るような気持ちにもなる。一方、叱られたら、まことにつらい。それは、すべての人間に共通した心理であろう。

褒められた時と叱られた時と、どちらが自分の成長につながるだろうか？　褒められれば、何より自信がつく。また、やる気をさらに促してくれる。それに対して、叱られると、腹が立つし、自信をなくすこともある。時には傷ついて、「死んでしまいたい」などと絶望することもある。

しかし、褒められてばかりで、叱られない人生が望ましいかと言えば、実はそうではない。叱られることは、自分を否定されることだから、そこから自らに対する反省が生まれて、さらに一段と成長する大きな糧になるのだ。そこが、人生の悩ましいところだ。

ちなみに、私が講演を依頼されて、「テーマは？」と聞かれた時、「松下幸之助に褒められた話と叱られた話と、どちらがいいでしょうか？」と聞くと、決まって、「叱られた話」と答えが返ってくる。叱られた話の方が、はるかに参考になるのだ。

京都駅の前にＰＨＰ研究所があり、その三階に一般に公開されている「松下資料館」がある。そのコーナーの一角に、「松下幸之助に叱られた話」ばかりを閲覧できるコーナーがある。その時々、こんなに叱られたら、ご本人もつらかっただろうなと思うと同時に、叱られた内容が実に、自らの参考になるのだ。目から鱗が落ちる場面の連続である。

例えば私の場合、松下政経塾の役員会で昼食に出す弁当の中身の確認をするために松下幸之助のところに行った時、私が写真や資料を使って、いかにおいしいかを一所懸命説明していたところ、「君、食べたのか？」と言われた。「食べてません」と言った時、「どうして大事なお客様に出す弁当を自分で食べてみないのか」と厳しく叱られた。以来、まず自ら味見をすることは、私の習性となった。

昨今、様々なハラスメントが取り上げられるようになって、職場でも、本気で叱る人が少なくなったような気がする。職場に活気・活力がなくなってきたのではないだろうか。上司が部下を本気で叱ることは、なかなか難しい。私は松下政経塾時代、机の引き出しの中に「妥協と迎合で人は育たない」と紙に書いておいて、気持ちがひるみそうな時には引き出しの紙を見て、勇気を奮って、叱ったも

のだ。

本気で叱る人が少なくなった一つの原因は、「天下のために仕事をしている」という気概のある人が少なくなっているからではないか。「自分のために仕事をしている」人には、〝私憤〟はあっても、〝公憤〟がない。「俺の顔をつぶすのか?」「俺の出世に響くではないか」といった〝私憤〟こそ、ハラスメントであり、部下にとっては大きな迷惑だ。「それでは天下に申し訳が立たないではないか」といった〝公憤〟があれば、自ずと、許せないことは許さないといった力強い仕事ができる。

ある時、納期に間に合わないことを、報告とお詫びに行った人に向かって、松下幸之助は、「君が待ってくれと言うのであれば、僕は待つよ。しかし、君、世間が待ってくれないよ」と叱った話などは、私も身に染みる。人は、叱られて成長するのだ。

Key Sentence
33

言うべきことを言わなければならない

今日の社会情勢は、非常に好ましい半面と、好ましからざる半面があることは、皆さんもご承知のとおりであります。好ましからざる半面というものは何であるかと申しますと、いろいろございましょうが、そのいちばん大きな問題は、先輩が後輩に対してものを言わんということです。むしろ先輩は後輩のご機嫌をとる。そういう傾向があるように思うのであります。（中略）いかなることが起ころうとも、言うべきことは言わないといけない。それは先輩として社長として、店主として、また親としての責任である。そういうことをはっきりと信念としておもちいただいたならば、私はどんどん言えると思うのです。

（『松下幸之助発言集』第7巻）

面と向かって、「相手に言うべきことを言う」ことは、私の経験からしても、本当は大変難しいことである。「言うべきことをはっきり言う」と、必ず相手は感情を害する。〝褒める〟のであれば、相手が無条件に喜んで受け止めてくれるから、誰でも、簡単に口にできる。しかし、たとえ正論であっても、相手が不愉快に思うこと、受け入れられないこと、触れられたくないことを、〝はっきり言う〟ことは、相手の反発と向き合う覚悟がなければならない。それほど、ある意味難しい。

前項でも触れたが、私は松下政経塾時代、執務している机の引き出しの中に、「妥協と迎合で人は育たない」と書いた紙を入れていた。塾生を指導する時に、「まあいいか、今回は見逃そう」とか、「まあいいか、そのうち気がつくだろう」と、逃げの気持ちになりそうな時、引き出しの紙を見て勇気を奮い起こし、「ちょっと待て」と、言うべきことを言った。それほど、「言うべきことをはっきりと言う」ことは、精神的にハードルが高い。

しかし、「言うべきことを言う」風潮がなくなった時、組織はどんどんぬるま湯になり、妥協と迎合、おべんちゃらと陰口が横行するひどい状態になっていく。

組織衰退の象徴的な現象である。

今の世の中、〝言うべきこと〟を、本人に面と向かって言わずに、SNSを使って世間に向かって触れ回ったり、部外に漏洩《ろうえい》、告発するなど、まことに陰湿な社会になってきた。「怖くてうっかりしたことは言えない」と、上司も口をつぐむ。社会全体が、陰湿で、凛々《りり》しさ、力強さをなくしてしまっているのだ。日本の未来は危ない。

私は、人を導く仕事に携わっている以上、塾生たちに「言うべきことは言う」との姿勢を貫く使命があると思っている。私が心掛けている原理原則は三つだ。

原則その一は、「面と向かって言う」。人の悪口と陰口を、その人のいないところでは絶対言わないと決めている。まして、メールやデイリーメッセージなどの手段で人を悪く言うことは『卑怯』だと思っている。『卑怯』なことは、絶対にしない。

原則その二は、私的な怒りからものを言わない。「俺の顔をつぶすのか」「俺の立場はどうなる」といった言い方は、本当は恥ずかしい。「私憤」ではなく、「公憤」でなければならない。人は社会正義に立った時に初めて、本当の勇気が出て

くる。「それでは世間に通用しない」といった観点に立つのだ。

原則その三は、臨場感を大切にする。分かりやすく言えば、「その場で言う」ことだ。後からまとめて言うことにしよう、そのうちいつか機会を見てなどと、その場をやり過ごすと、だんだん、「言うべきこと」が、屈折していく。そればかりか、相手に対する余分な感情が混じってきて、小さな問題が、心の中でどんどん大きな問題になる。

だから私は、気がついた時には、「その場で言うべきことを言う」ことを心掛けている。自分では、勝手に、「臨場感のある注意をしなければダメだ」とみんなに教えている。

その三つの原則の前に、「言うべきことを言う」ためには、言うべき信念をしっかりと持っていなければならない。信念なくして「言うべきことを言う」人は、いつも〝ごちゃごちゃ〟とうるさい人だと言われるのが落ち。相手に何と思われようと、嫌われようと、大事なことは伝えなければならないという信念を持てる人間になることが最大の課題だろう。

Key Sentence

34

押しつけではなく、相談的な態度で

たくさんの人を指導しておられるのであれば、相談的な態度、ともにやろうではないかという相談的な態度を失わないかぎり、みんなが耳を傾けてくれるのではないでしょうか。（中略）このごろは、権威をもって押さえることはいけません。反発されますね。権威はなくとも人は動くということを、考えなければいけません。自分の権威を守るというこことにとらわれてはいけません。ほんとうに素手でやれば、同情もしてくれるし、むしろ親切に教えてくれるんです。「こういうことやろうと思うけどどうやろな」「こうしたほうがよろしいですよ」と。そうなれば、たいへん具合よろしいですね。知恵はみなむこうからもってきてくれます。

（『松下幸之助発言集』第10巻）

相談的態度で、私は苦境を救われたことがある。三十六歳の時、入社以来所属した本社の広報部門から、電子レンジ事業部の関東地区担当の販売課長になった時のことだ。まったく営業経験のない私は、大変なコンプレックスに悩まされるばかりか、部下であるベテランの営業マンたちにバカにされている気がして、販売成績は全国最下位だった。そうなると、ますます落ち込み、会社に行きたくないと思い始めた。天井と床がひっくり返るような感覚に襲われたこともある。私のサラリーマン時代の一番の逆境期だった。上司から、「我慢にも限度がある」と脅されたことは、今も忘れられない。

その時に、出会ったのが松下幸之助の言葉であった。「分からないことは聞くことである」。そんな当たり前の言葉に、電撃が走った。私は、「分からないことがばれないようにしよう」と肩ひじを張っていたのだ。

その時勇気を出して、部下に頼んだ。「これから出張の時には僕と同じ部屋に泊まってくれないか」と。そして、宿泊先のホテルや旅館で、書類を広げて、その見方から教えてもらった。部下が、「本当に何も知りませんね。これだけ何も知らなければ苦労しますね」と、バカにするのではなく、同情してくれたのであ

る。今から考えれば、相談的な態度が道をひらいてくれたのだ。それ以来、何かも部下に聞いて、教えてもらった。教えられるうちに、部下も、私に対して気心が通じるようになっていった。

私がベテランの営業マンなら、権威をもって指図し、叱咤《しった》激励して売り上げを伸ばす努力をしていただろう。まったくの素人だから、「こんな時どうしたらいいの?」とか「今言っているのはどんな意味?」とか、すべてを聞いた。聞いているうちに、私もだんだん要領が分かってくるので、「それをこんなふうにしてみたらどうだろうか」と、相談も前向きになっていった。部下が、「面白いことを考えますね」などと、時には感心してくれる。

販売会議を、東京タワーの展望台でやったこともある。「工場の中の会議室で会議をしていると、過去の数字にだまされる。市場を見ながらやれば新しい知恵が湧いてくるのではないか」と部下に相談したら、「それは面白い。やりましょう」となった。私は東京タワーの展望台から下を見ながら、「ものすごい数の人がいるね。これだけの人がいて、たったこれだけしか売れないのは、売り方が間違っているのではないだろうか」などと、部下に持ちかけたこともある。

コンプレックスの一番の原因と思っていた〝素人〟が、いつの間にか強みに転じていったのである。私の部下に対する相談事も、どんどん前向きで、挑戦的になっていった。「それ面白いですね。やってみましょうよ」と賛成してくれることが多くなってきた。それに伴い、売り上げも伸び始めた。

その後、松下政経塾に出向するまでの三年半で、かつて最下位だった私の課は、全国トップにのし上がった。

「分からないことは聞くことである」。そんな誰もが知っているはずの言葉に、私は、救われた。まして、部下に聞くことは、変なプライドが邪魔をして、なかなか難しいのである。しかし松下幸之助は、〝相談的態度〟を教える。自分に経験、知識がなくても、誰でもができる、道をひらく方法だ。

Key Sentence

35

心を込めて聞こうという心と態度を

話し上手も非常に大事である。しかし話し上手よりも聞き上手のほうがさらにたいしたもんだということを、昔の人々が言うております。静かに考えてみますと、私もほんとうにそうだという感じがいたします。人さんがいろいろな話をされる、それを心をこめて、なるほどそうですかというようによく聞いてあげる。すると、話し相手は話しがいがあって面白い。ますます熱を入れて話をする。そのうちには非常にいい話が飛び出すもんであります。そのいい話をキャッチしていくところに、聞き上手の非常にプラスがあると思うんです。

（『松下幸之助発言集』第11巻）

松下幸之助は、とにかく、人並み外れた大きな耳の持ち主だった。大きな耳をそばだてながら、じっと私の目を見て、私の話していることを聞かれると、「嘘がつけないな」と思った記憶が鮮明に残っている。

「聞く力は偉大な心の力である」。これは、私が様々な場所で講演する時に、特に強調する事柄の一つだ。人の心は、「聞く姿」に表れる。心がふんぞり返ると、聞く姿勢も必ずふんぞり返るのだ。「なんや、言うてみ」などと、椅子にふんぞり返って言われると、こちらは思わず身が縮みあがり、言葉が出なくなる。逆に、まことに謙虚な人は、その心のままに、人の話を最後まで静かに聞き届けてくれる。言わなくてもいいことまで言ってしまうこともある。だから、「謙虚に聞く姿勢」は、謙虚な人柄から生まれてくるものである。裏返すならば、「熱心に相手の話を聞く努力」は、自らの心を育て、人間力を豊かにする、極めて身近な実践なのだ。

営業活動一つとっても、こちらの売りたい商品について、どのように説明すればいいかを学ぶ〝セールストーク〟の練習はできる。しかし、本当に大切なのは、お客様の言葉に熱心に、そして真摯《しんし》に耳を傾ける〝セールスヒアリング〟である。

あまりにも上手に説明すると、時には、「うまいことばかり言って、なんかだまされているみたい」と言われることもある。逆に真剣かつ熱心に聞く努力をすると、「私の気持ちを分かってもらった」と喜んでもらえる。だから、営業マンは、〝セールスヒアリング〟を心掛けなければならない。それはテクニックではない。相手の気持ちを汲み取ろうとする〝営業の心〟が、相手に喜ばれるのである。

話を真剣に聞いてくれる上司の下では、部下はやる気になる。「黙ってやれ」と突き放したり、報告を聞きながら「結論は何や」とせかされると、部下はやる気をなくしていく。まして、上司が、自らにとって耳の痛い話を真剣に聞くことができれば、職場の風通しは大変よくなるのである。

聞く努力は、「相手を理解し、相手を受け入れる心」であることを肝に銘じておきたい。話し方は、技術であり、方法であり、テクニックだから、具体的に方法を教えることもできるし、練習もできる。場数を踏めば上手になる。なぜならば、人格と関係ないからだ。

松下幸之助に、なぜ人並み外れた聞く耳があったのか？　本人は「学歴がなか

ったおかげ」と言う。学校に行かなかったから、何も知らなかったおかげで、素直に聞く耳を持てたというわけだ。私がうれしいと思うのは、〝学力〟よりも、〝人間力〟の方が実社会に出たら重宝されることだ。学力があり、人がうらやむほどの有名校を優秀な成績で卒業することは、一般的には、まぶしいことのように受け止められる。しかし、実社会では、まぶしいばかりのキャリアが、逆に「聞く耳を持つ」ことを難しいことにしてしまう。

我が子もしかり。小言ばかりで聞いてやらないと、子供は言う。「うるさいな」。

Key Sentence

36

教え過ぎるから先生の数が増える

ゴルフを教えてもらうのでも、私はゴルフはやりませんが、初めからしまいまで自分に打たせてくれなかったらどうにもなりません。ゴルフはこうしてやるんですよと言うて先生ばかり打って、自分でちっとも打たなかったら、理屈はうまくなるかしらんが腕ができません。先生はつきっきりだから高くつく。(笑) まさにそんな教育が今の日本の教育ではないでしょうか。

(『松下幸之助発言集』第1巻)

松下電器を退職して独立、『青年塾』を立ち上げたのは、平成八年のことである。立ち上げるに当たって、どこに事務所を設けるか、どんな什器備品がいるか、スタッフは何人ぐらい採用するかなどと、頭を巡らせていた。

その時、妻が、「教育でお金儲けしてはいけないと思う。事務所はカッコ悪くていいじゃない。教育の中身さえカッコよければ」と言い放った。

会社を途中で辞めて、自立すると大見栄を切った手前、事務所は一等地に設けて、企業としての体裁を整えることばかり考えていた私には、頭の上から冷たい水をかけられたような一言だった。そして、目が覚めた。『青年塾』はビジネスとしてやるのではない、これはある種の社会運動だ。とすれば、本当の教育に取り組もうと、借家の一間に机を置いて、夫婦二人で仕事を始めた。〝自宅本社〟だ。

人を雇うのも止めた。その代わり、研修に関わるすべての準備や運営の仕事は、研修として塾生にやってもらうことにした。

それが実に教育効果につながった。塾生たちは、自分で準備に取り組めば取り組むほど、「この研修カリキュラムは、私たちが作り上げた」といった〝当事者

意識〟を持つようになった。「そうか、こちらで何もかもお膳立てするから、塾生たちは〝お客様意識〟に陥り、文句を言うようになるのか」と気づいた。『青年塾』運営の基本の指針を、〝不便・不自由・不親切〟と決めた。要するに、「自分のことは自分でしてください」という当たり前のことを貫くことにしたのだ。

例えば、新しく入ってきた塾生を対象にしたオリエンテーション講座。運営は、一年前に入塾した先輩に任せた。その効果は抜群だった。先輩の方が、急に、成長するのだ。後輩に教え伝える手前、自らが範を示さなければならないと思う。そして、先輩の凛々《りり》しい姿こそが、新入塾生諸君にとっては、最高の学びになる。私が口を酸っぱくして教えても、しょせんは〝主催者都合〟を見破られるのだ。先輩がてきぱきと動き回る姿を目の当たりにした新入塾生諸君は、「私たちもあそこまでやらなければならないのか」と無言のうちに動機づけられるのだ。

講師の選定も折衝も、すべては塾生諸君が行う。自分でお願いに行った以上は、責任を感じて、講師が話している間に居眠りすることもない。事務局で講師を決めて、受講生にあてがうから、居眠りする人が出てくるのだ。

講座に関する会計も、すべて塾生の仕事であり、即、研修だ。自分たちで決めた参加費用については、中身を納得しているから文句を言わない。

『青年塾』を二十五年間運営してきたけれども、現在に至るまで、一貫して、事務局は基本的には私たち夫婦だけだった。全国に六つあるクラスの運営はすべて塾生諸君に任せているので、私たち夫婦は、大所高所から指導する。人は〝主人公意識〟を持つと、大きく成長することを私は確信した。面倒を見過ぎるから、依存心を持つ子ばかりが増える。

Key Sentence
37

教育とは、人間そのものを高めることである

知識というものは道具である。身につけた道具である。刀とかそういうものは、身に持つ道具であるが、知識は身に吸収した道具である。そのように考えてもさしつかえないと思います。そうすると、その道具を使いこなせる人間がまず高まらないといかんのではないか、その人間を高めないで道具だけたくさん与えたところで、ウロウロするばかりだろう、あるいはそれを間違った方向に使うかもしれないということがいえはしないか。やはり人間そのものを高めるというか、その人自身を立派に高めていくという教育が必要で、これがほんとうの教育だと私は思うのです。

（『松下幸之助発言集』第11巻）

松下政経塾が設立された当初、次の時代を担うリーダーを育てるのには、何を教え、学ばせるべきか、様々な議論があった。とりわけ政治家を育てたいとの松下幸之助の思いを受けて、「政治学」「国際政治学」「行政学」「財政学」「経済学」などの高度な専門知識をいかに身につけさせるべきか、またこれからのグローバル化時代に対応して語学はどの程度まで学ばせるべきか、また講師陣はどのような人たちがいいか、議論を尽くした。

その時、松下幸之助は、一言、「まず掃除や。毎朝、誰よりも早く起きて、身の回りの掃除をしっかりとやってもらうことや」と言った。「国の未来を背負う指導者を育てるのに、掃除に力を入れるなんて」と、運営する側のスタッフも、学ぶ側の塾生たちも、唖然《あぜん》とした。

現場の責任者である私が、「しっかり掃除してください。塾長の方針ですから」と言うのだが、塾生たちは、「そんな雑用は、外部の専門業者さんにやってもらってください。私たちには肝心の勉強がありますから」と抵抗する。嫌がる塾生たちに掃除をやらせようというのだから、苦労は並大抵ではなかった。その最大の理由は、塾生を指導すべき私自身が、「立派な指導者になる第一の勉強が、

身の回りの掃除である」ことの意味がまったく分かっていなかったからである。分からないままに、無理やり掃除をやらせようというのだから、塾生との間に軋《あつ》轢《れき》が生じるのは当然だ。私が、指導者にとって、掃除がいかに大切な学びであるかを心の底から理解するのに、十年はかかったかもしれない。

しかし、人は困るから、様々な人に出会えるのである。〝掃除の神様〟と言われる鍵山秀三郎さんとの出会いがあった。「見えない心を磨こうと思ったら、まず見えるところをしっかり磨きなさい。見えない心は磨きようがない」との一言に、目から鱗が落ちた。「場を整えれば、心が整う」の一言も、強烈に心に残った。また、北海道・遠軽《えんがる》にある北海道家庭学校では、〝流汗悟道〟の一言に、目が覚めた。「汗を流せば、大事なことが分かる」との意味だとの解説もまた、私の心に鋭く突き刺さった。

そして何より、松下幸之助の言葉である「知識や技術は道具にしかすぎない。それを使う本人の人間性が高まらなければ、宝の持ち腐れになる」との一言が、私の腹にストンと落ちた時から、松下政経塾でも、塾生たちが自然に掃除のできる人になっていった。

汚れている便器をきれいにしようと思って、徹底して磨いている人は、〝卑しい、恥ずべき人〟であろうか。それに気がついて、知らぬ顔をしている人は、〝立派な人〟であろうか。みんなが使う便器が汚れていることに気がついたら、率先垂範してきれいに掃除ができる人を、世間の人は、「立派な人だ」と評価する。

昨今、知識のレベルの高い人を、エリートといい、高く評価する傾向にある。しかしそれは大きな間違いである。本当のエリートとは、「世のために人のためになることであれば、身をかがめて、献身的に汗を流せる人」である。

私は今、『青年塾』を主宰している。目的はただ一つ、〝人間エリート〟を育てることである。即ち、世のため人のために惜しげもなく働ける人を育てたいのである。

Key Sentence
38

現場を通じて体得する

（人材育成について）別に養成のコツというものはありません。ただ現場について仕事をすること、これがいちばんの教育ですな。講習会なんてものをいくらやっても、やっぱり現場を通じて体得するということ――これが大事です。だからぼくのところもこの方針でやっています。ただいくら現場でやっても、本人が責任感を自覚しないかぎりダメです。そこで小さい経営をさせるわけです。独立採算制でやらせるのです。そういうところで経営者を生まれさせるわけです。

（『松下幸之助発言集』第13巻）

人を育てるためにまず、研修会を計画することが多い。しかし、研修会は、ともすれば自己満足に終わる傾向がある。講師の話を聞いて、「いい刺激になりました」「いろいろと学ぶところがありました」と感想を言い、参加者は感動の余韻を味わい、職場に帰っていく。翌日の朝、みんなにその時の話を伝えようと思う。ところが、前の日に聞いた時の感動や学びをなかなか他の人に伝えられない。やがて一週間もすれば、内容についてはほとんど忘れてしまう。私も経験のあるところだ。

私が主宰する『青年塾』では、講師の話を聞くだけの研修はできるだけやらないようにしている。なぜならば、「頭とノートにとどめた知識や情報は、すぐに記憶から消え去る」からである。塾生諸君に、「それは日焼けみたいなもの。その瞬間は、いい顔色になったねと周りが感心するが、一週間もすれば元に戻っている。いい話を聞いたねと感動していても、一週間もすればすっかり忘れてしまい、元の自分に戻っている。頭に情報や知識を入れる、〝知っている人間〟を育てるような学びはダメ。座学は、一番苦労のない学び方だ。目を開けているだけの努力でいい。そんな程度の楽な方法で、魂に刻み込まれる学びはできない」と、

繰り返し言う。

私は「学べば変わる」を合い言葉に、魂に刻み込む学び方を工夫している。それには何と言っても、頭を使うのではなく、体を使わなければダメだ。頭だけでなく、全身を使って学ぶ。即ち、現地現場で経験しながら学ぶ方法である。

しかし、それでもなお、松下幸之助は、「責任感がなければだめだ」と言う。

私は、松下電器の電子レンジ事業部の販売二課の課長として転勤した時、驚いたことがある。私の机の上に、「上甲商店」と看板が置かれている。そして、営業部の部屋の壁一面に、販売の進捗《しんちょく》状況のグラフが掲示されているが、それもまた、商店別の実績と書かれている。そして、課の会議を開こうとしたら、「商店会議」と言う。

それは、「サラリーマン根性、組織の一員であるという意識を捨てて、一商店主として、ここで店を開いたつもりで責任ある仕事をしろ」との考えだった。そのために、私は、課長ではなく、商店主と名づけられた。それは形だけではない。実質的な権限もまた、すべて商店主に与えられた。私は、転勤早々、まったく営業経験がないこともあって売れない。その上に、前任の課長が、〝さよならセー

ル〟と銘打って、お得意先の倉庫に押し込めるだけ電子レンジを押し込んだ。しかも、その電子レンジは、オーブン機能のついていない旧来商品。時の事業部長から商店会議で、「上甲商店、会社更生法適用」と宣言されて、すべての在庫商品を引き揚げてもらった。

事業部長や営業部長とお得意先に行く時、相手はこの際、「特別なご配慮を」とトップにすがる。しかし、事業部長も営業部長も、「すべては商店主に任せておりまして、私共には決裁権がありません」と言う。お得意先もまた、私のことを一課長ではなく、この地区でナショナル電子レンジ販売の全権限を握る人と認識するようになった。

会社が大きくなればなるほど、社員は、〝歯車の一つ〟になり、「しょせん、私は一介のサラリーマンですから」といった意識に陥りがちである。松下幸之助は、責任と権限を思い切って持たせることが、人を実践的に育てる最高の方法と考えていたのだ。松下幸之助が事業部制による自主自立経営を徹底していた理由の一つは人を育てるところにあった。そのために、どんな小さな商品でも、自立して存続することができたのである。

Key Sentence
39

叱らんならんときは叱る

上手な叱り方、ほめ方など意識することがすでに間違いですな。やはり怒るときには怒る。叱らんならんときには叱る。それをためらったり、上手にやろうとか考えると、姑息《こそく》になりまんな。直情径行でいいんですよ。

（『松下幸之助発言集』第18巻）

私も長年、組織で働いてきて、「褒めることは比較的簡単だが、叱ることはなかなか難しい」と実感する。叱られた方が、「分かりました。叱っていただいてありがとうございました」と感謝しながら頭を下げてくれることはまれである。仏頂面をされたり、すねられたり、時には泣き出されたりすると、叱った方が何となく悪いことをしたような気になってくる。だったら、ここは我慢して黙って過ごそうとなるのも、一面の心理である。

私が松下幸之助の直属の部下として働いていた当時、松下幸之助は八十代後半から九十代前半だった。あまりにも高齢であったために、先輩諸氏が厳しく叱られた体験談などを聞くと、うらやましい気さえした。先輩諸氏は、松下幸之助に叱られたことを、まるで人生の勲章のようにして自慢するのだ。

もっとも、松下電器産業に入社して、最初に、本社の広報部門で、社内新聞の編集の仕事をした当時、松下幸之助は七十代の盛り。まだまだ血気盛んだった。私は社内行事の取材のために立ち会う中で、松下幸之助が厳しく叱る場面に出くわして、他人ごとながら、大いに血を騒がせた記憶がある。

中でも、忘れ難い思い出の一つは、毎年、一月十日に開かれる経営方針発表会

でのことだ。大阪府枚方《ひらかた》市にある松下電器体育館に、日本中はおろか、世界各国から経営責任者が一堂に会し、その年の経営方針が発表される。方針を発表するのは社長であるが、会長から相談役になった松下幸之助も壇上に立って、所感を述べた。その内容は縦横無尽、快刀乱麻、社内新聞の編集者である私たちを大いに喜ばせてくれた。会場には、七千人を上回る参加者が着席している。新年の熱気むんむんの雰囲気は、松下電器の最大の行事の雰囲気を醸し出していた。

ある年、壇上に立った松下幸之助が、「今日は、一年の門出、まことにめでたい時でもあり、また新しい年を迎えて、熱気にあふれるべき日である。そんな日の会場で、私の座っている席には、天井から冷たい風が吹いてくる。それはまるで熱気を覚ますような冷たさである。今日の会場の管理の責任者は誰や？」と、会場を見回した。こういう時の一言は、会場の雰囲気を凍りつかせる。

会場前方で、施設管理の責任者が立ち上がった。「私です」。「君か？」。短いやり取りに緊迫感が増す。「君、会場のテストをしたのか？」と松下幸之助が斬り込む。施設管理責任者は、「ハイ、大切な会合ですから何度もテストをしました」と答えた。経営方針発表会の会場に粗相があってはいけないと、点検に点検

を重ねたことは容易に察しがつく。

次の一言は、会場のすべての人の心にまで染み渡った。「そのテストは、実際に人が入った状態だったのか？」。どの商品も、出荷前に、何度も実用テストを繰り返しているはずだ。しかし、「それは実際に人が使った状態のテストか？」と聞かれたとしたら、すべての人たちは顔が青ざめるはずだ。一施設管理責任者を叱責しながらも、実は、参加者全員に聞かせたかったのではないだろうか。その証拠に、松下電器産業を離れて三十年近くになる私が、その時のやり取りを今でも鮮明に覚えている。

『青年塾』でも、大切な行事の時は、入念な会場の準備をする。しかし、「実際にお客様の入った状態か？」と聞かれると、ほとんどの場合、その視点が抜け落ちている。すべて自己都合優先の会場準備になっている。

椅子を並べても、「それじゃあまりにもくっつき過ぎて、座る人が窮屈だろう」と注意すると、「これだけの数並べないと入り切れません」と自己都合の言葉が出てくる。「それは実際に人が入った状態のテストか？」の一言は、実際に即し、的を射ていた。

Key Sentence

40

人間としての精神を高める

学問それ自体がなんぼありましても、ほんとうの役に立たない。学問を修めた人が、社会のために、また自分自身のために、どういうようにその学問を使って世の中をひらいていくかということは、その人自身の考え方によると思います。そうでありますから、人間としてものの考え方がどうであるかということが非常に大事である。その人間としての精神を高めていくということを、学問の向上と併行して図っていかなくてはならない。

(『松下幸之助発言集』第32巻)

私は今、『青年塾』を運営してきて、二十五年になる。『青年塾』は、松下電器、松下政経塾を通じて学んできた私が、単身、自ら立ち上げたものである。創設の目的は、松下幸之助の言う「立派な精神をつくる。立派な人間をつくる」こと一点にある。

戦後の日本は、経済発展を最大の目標にして、がむしゃらに走ってきたように思われる。そして、経済的には、世界を代表する国の一つにまでなった。しかし、精神という点において、はたしてどうだろうか？ 経済発展と歩みを共にしてきただろうか。「日本は、経済的に立派な成功を収めたけれども、精神的な面を取れば、世界を代表する〝高邁《こうまい》な考え方を持つ立派な国民だ〟」と言われる姿になっているだろうか？

私は、個人においても、会社においても、国家においても、滅びる時は精神から滅びると確信している。分かりやすいのは、企業であろう。高邁な創業の精神を失ってしまって、ひたすら儲けのためにはなり振り構わず、手段を選ばない会社の行く末はどうだろうか。一時的には成功したように見える時があるかもしれない。しかし、世間の人たちから、眉をひそめて見られるような経営をしている

会社が、末永く隆々と発展していくとは絶対に思えない。個人も同じだ。人を蹴落としてでも、自分だけは出世したい、業績を上げたい、収入を増やしたいと思う人が、「立派な人だ」と尊敬されるだろうか。誰が見ても、いつかは滅びていくと思うはずだ。

『青年塾』の目的は極めて明確だ。「みんながよくなることに本気の努力をすることにより、〝人間一流〟になること」である。〝人間一流〟とは、まさに、慈愛の心をもって、常に他人を本気で思いやる人のことを言う。

『青年塾』はその心を養うために、実践を重視している。日々の実際の生活、行動を通じて、意識・心を変えていこうというわけである。「分かった人」ではなく、「できる人」を育てるのだ。そして、職場でも、地域でも、「あなたのような人が一人でもいてくれることは、本当に〝大きな救いね〟」と言われる人になることをめざしている。

昨今、数字で表せる能力ばかりが評価されて、数字で表せない能力はあまり評価されない。それでは、機械と同じだ、機械の能力は基本的にはすべて数字で表すことができる。人間も、機械並みになってきたのだ。思いやりの心や慈愛の精

神は、数字では表せない。そのために、受験の時も、合格するためには何の力にもならないような心や精神は、ほとんど見向きもされない。しかし、実社会では、そして人間が生きていく上では、数字で表せない精神、心こそが、その人の生き方の質を決めていくのだ。

私はそれを、選挙を通じて痛いほど学ばされた。学歴がどんなに立派でも、語学力がどれほどすぐれていても、〝人間的には嫌な人ね〟と烙印を押されたら、絶対に選挙に当選し続けることはできない。

Key Sentence

41

お釈迦さんがやっているとおりやればいい

一ぺん言うて分からなければ、二へん言わないといかん。二へん言うて分からなければ、三べん言わないといかん。三べん言うても分からなんだら、ちょっと一服しようかというわけです。（笑）それでまたもう一ぺん言うてやる。それでもあかなんだらまた一服する。それを三べんくり返してもあかなんだら、もうそれはしかたがない。もう頭から忘れてしまう。「縁なき衆生は度しがたし」こう言うてお釈迦さんはあきらめはった。それと同じことをやったらいい。

（『松下幸之助発言集』第33巻）

この文章とまったく同じ経験をしたことがあるので、読みながら〝ハッ〟とした。書いてあることが身に染みた。経験していなければ、あるいは、通り過ごしてしまった文章かもしれない。〝出会い〟とは、こういうことを言うのだとつくづく教えられた。

新型コロナウイルス感染拡大に伴い、私が主宰する『青年塾』の研修もすべて、延期した。再開の時期が読めず、所定の時間の中で行う研修計画は、すべて、〝一時停止〟になった。

私はその空白になる期間を無為に過ごしたくないと思って、塾生諸君と様々な意見交換や課題の提案をした。その中で、現役塾生七十四人の一人ひとりに、直筆でハガキを書くことにした。メール全盛の時代、いきなりハガキが来たのでは、塾生諸君も戸惑うだろうと思いつつも、あえて、最もアナログな手法にこだわった。

ハガキは、書いている間、わずか数分ではあるが、その人の顔が思い浮かぶのだ。だから、〝肉筆〟は、〝肉声〟に通じる気がする。塾生一人ひとりと向かい合って話をする気持ちで、一日に三人ずつ書き続けた。そしてそれを三巡した。ぽ

つぽつと返事が来るものの、反応はほとんどないに等しい。印刷したものであれば、さほど気にならないが、思い入れて直筆で書いたハガキに反応がないと、熱い思いで書いたラブレターに返事がないのと同じようなさびしさがこみ上げる。

三巡して、返信は一割。返信してくる人は、三回とも律義に返信してくれる。しかし、あとの人たちは、のれんに腕押し、ぬかに釘。私のやる気も、すぼみ始めた。一休みに入った次第である。その時に、この文章と出会った。「三べん言うても分からなければ、ちょっと一服しようかというわけです」のくだりの状態だった。あまりにもタイミングのよい文章に出会ったものだ。「それでもまたやる」とあるではないか。私もまた、「またやる」ことにした。今度は、一日に二人。一人ひとりにハガキを書く時間を長くした。

まだ再開して間がないうちから不思議なことに、返事がぽつぽつと来始めた。みんなの肉筆のハガキを見ていると、涙がこぼれそうになる。うれしいものだ。「お釈迦さんがやっているとおりやればいい」の実践だ。

「三べんを三回繰り返す」ことが、お釈迦様の教えだ。まさに、私が今やりつつあることは、期せずして、お釈迦様の教えに従っていることになる。こんな形で、

実践的に、お釈迦様の教えに出会うとは思わなかった。人は、「実践する、うまくいかない、苦しむ、諦めようとする」のが、常の姿だ。お釈迦様は、「三べんを三回繰り返す」と教える。

この教えのとおりに実践したところ、大半の人から返事が来て、心が相通じ合うようになった。今回の出会いは、素晴らしいものだった。松下幸之助は、ダメを押している。「そこまでやれば、だいたいの人がうまくいく」。『青年塾』をよりよくするためには、そうした粘り強く、執念のような思い入れが、教える立場にある私になければならないのだ。

ここまでやって、それでもうまくいかない人がいたら、「縁なき衆生やなあ」、しゃあない。

Key Sentence

42

「人間とは何か?」、分かりますか?

人間というものをはっきり把握しなくてはならない。今は人間というものが把握できていないわけです。かりに、身近な例をあげますと、羊飼いをしたならば、その人は羊というものの性質をはっきりつかんでおかないと、羊飼いとして成功しないでしょう。羊を馬だとか犬とかと同じ性質のものだと思って飼ったら、失敗する。〝羊はこういう性質をもっている〟という、羊の本質をはっきりつかんだ人でないと、羊飼いになっても成功しないわけです。

(『松下幸之助発言集』第44巻)

松下政経塾が開塾した昭和五十五年四月一日の翌日、塾長である松下幸之助が、二十三人の第一期生に向かって、「君たちに、最初に訴えるのは、人間把握です」と言った。それは、今にして思えば、まことに大切な示唆であったように思われる。

「まず今日は、私の第一声としては、『人間把握ですよ』と。『お互いに、把握し合うんですよ』と。そのことを申し上げたい。人間とはどんなものかを人間自身が知らなかったらいかん。人間が人間自身を『こういうもんだ』といって把握しないといけない。そこからいっさいが始まるわけです。その把握ができて初めて、政治でも何でもできるわけです」。

私が松下政経塾を離れて既に四半世紀が経つ。今になって、松下幸之助の開塾の時の話に、膝を打つ気がする。と同時に、「どうして、塾に勤務した時代、そのことに気づいて、教育しなかったか」と悔やまれてならない。

私たちはみんな人間である。だから、人間のことは何もかも分かっていると、みんな思い込んでいるから、改めてそれをしっかりと把握しなければならないなどと思わなかったのだ。しかし、松下幸之助の目から見たら、「君たちは大学ま

で行ったから様々な知識を持ち、理屈には詳しいだろう。しかし、人間そのものについてはあまりにも認識が足りないのではないか」と言いたかったのではないだろうか。

九歳の時から働き始めた松下幸之助は、見方によれば、幼い時から一貫して、〝人間把握の実地教育〟を受けてきたとも言える。それは、時には殴られ、時には蹴飛ばされ、時には頭を撫でられ、時にはだまされるといったやり方ではあるが、すべて、人間のありようの学びであった。

一方、塾生たちは、自分が選んだ学問の知識と理論の習得に明け暮れ、特段の社会的責任を負うこともなく、自分の好きなことに没頭してきた。見方を変えれば、人間とは何かということを知る実体験がまことに偏っていて、貧弱だったとも言える。今日食べるものにも事欠く人、明日の命も知れぬ人、身寄りのない人、仕事のない人、社会から見放されたような人、ありとあらゆる人について何も知らない、大学を出てきたばかりの若い人たちにいきなり政治家になってもらっては困る。松下幸之助が、塾生たちに、最初に「人間を把握して」と訴えた心の底に、そんな危機感もあったかもしれない。

世に「人物と言われ」、「一流と評される」人は、必ず、辛酸をなめ尽くしている。楽々と、何の苦労もなく、順風満帆の人生を過ごして、大成した人はいない。辛酸をなめ尽くすことは、言葉を変えれば、「決死の思いで、人間把握」をしてきたことに通じるのではないだろうか。

だまされることも、裏切られることも、褒められることも、認められることも、見方を変えれば、〝人間把握〟の一コマである。リーダーとは、〝人間通〟、人間に精通した人とも言えるのではないだろうか。

Key Sentence

43

知識の奴隷になっていないか？

皆さんが習ってきた知識は決して軽んじてはいけない。大事にしなくてはならない。非常に価値あるものですから、その価値を十分に評価しないといけない。しかし、それにとらわれたらいかん。その習った知識にとらわれたら、知識や学問の奴隷になってしまう。知識の奴隷になったらいかん。知識をどうにでも使いきらなくてはいけない。それの主人の役にならなければならない。自分は知識をもっているが、その知識をいかに行使するかということの主人にならなくてはいけない。今は、知識に追いたてられて、それにふり回されているきらいがある。

（『松下幸之助発言集』第44巻）

「知識は道具である」。そんなことを、私は会社に入るまで考えたこともなかった。それどころか、知識を増やすことが、人生の可能性をひらくものだと信じ切っていた。

まず受験戦争に勝ち抜くためには、知識の質と量が問われる。多ければ多いほど、世にいう〝エリート〟の道を歩める可能性の切符を手に入れることができる。偏差値などという言葉は、知識量の測定基準のようなものだ。偏差値が高ければ、学歴エリートの道を歩める。学歴エリートの道を歩めば、社会人になってからも、人より有利な道を歩くことができると思い込んでいた。まさしく、松下幸之助のいう、〝知識の奴隷〟だった。

「知っているだけではあかんのや。知識は使いこなさなきゃ」との教えも、社会人になって初めて分かった。仮に、販売に関する知識をいっぱい持ったとしよう。古今東西、あらゆる販売方法を知り尽くしているセールスマンがいたとしよう。その人が、知識は誰にも負けないぐらいに持っているが、ものを売らせるとまったく売れないとしたら、知識を使いこなしていないことになる。知識は道具だから、使ってこそ価値が出るとは、そんな姿をいうのだろう。

昨今の受験競争を見ていると、知識の量が、その人の能力判定の最大の要素となっている。評価されるのは、知識の量が多い人であって、人間性や志、夢、希望などは、測定不能のものとして、隅に追いやられてしまっている。

そこに現在の教育の最大の問題があると、松下幸之助は見抜いていたのである。松下政経塾では、知識を否定はしないけれども、知識を増やすような学び方はしないと明言している。先生を招いて講話を聴く学び方は極力しないということである。

現在の教育の形式は、ほとんどが、先生から講義を聞いて、知識の量を増やす学び方が主流である。即ち、知識量を増やすことが教育の目的となっている。

どんなに立派な道具、即ち知識を持っていても、「あの人の人間性は最低だ」と烙印を押されたら、知識は決して生きてこない。素晴らしい包丁は、素晴らしい料理人の腕があって初めて、立派に生きてくる。どんなに包丁が立派であっても、使う人自身が最低の料理人であれば、包丁は宝の持ち腐れだ。

松下幸之助は、尋常小学校四年までしか学校に行かなかったから、「本当に何も知らなかった」と述懐する。経営学の専門知識など、まったく持ち合わせてい

なかった。しかし、実際の経営においては、経営学の博士号を取得している人もかなわない経営をすることができた。もし、経営学の知識がなければ、経営ができないとすれば、松下幸之助はとても経営者になる資格はなかったことになる。「知識は道具だから、持っていなければ人に借りたらいい」。名文句だ。「政治家になるのに、政治学の勉強をしてもだめだ」といい、「政治ができることと、政治学に詳しいこととは別のこと」という教えを、もう一度かみしめてみなければならない。

Key Sentence

44

掃除を完全にするのは一大事業

掃除ひとつできないような人間だったら、何もできない。皆さんは、〝そんなことはもう、三つ子の時分から知っている〟と思うかもしれないが、ほんとうは掃除を完全にするということは、一大事業です。百貨店に行っても、掃除の行き届いた百貨店と、掃除の行き届いていない百貨店とは違う。掃除がどことなしにお粗末なところは、やっぱりはやりませんね。

（『松下幸之助発言集』第44巻）

短い文章である。私が松下政経塾で勤務していなかったならば、ほとんど何の意識もせずにすっと読み進んだことであろう。

しかし、松下政経塾で塾生を指導する立場にあった私にとって、このわずかな文章の裏にあった、〝苦闘〟ともいうべき努力は、とても筆舌に尽くせない。掃除という、ごくごく当たり前の日常の活動を、塾生たちが心の底から嬉々として取り組むようになるためには、少なくとも十年の年月がかかったような気がする。あるいは十年経った後も、「それが塾の朝のしきたりだから」と当たり前のように掃除をしていても、はたしてその本当の意義を分かっているかどうかは、私も自信がない。

「たかが掃除一つ」。そこに、現在社会の問題点、さらには教育のゆがみが凝縮していた気がするのである。だから、私は、掃除という身近な活動を通じて、現代教育の矛盾と戦ったとも言えるのである。

日本の社会において、エリートと呼ばれるには、〝知識量〟をたくさん備えることである。高度で専門的な知識を幅広く習得すればするほど、偏差値というバロメーターが上がり、〝エリート〟と称される学歴を得ることができる。そして、

〝エリート〟と呼ばれる学校を卒業すれば、世にエリートといわれる職業に就く道がひらける。それが端的に言えば、現代日本の教育がめざしている姿であり、実態である。

松下政経塾の塾生諸氏もまた、そのエリートの道を歩んで入塾してきた人が大半である。「知識を増やすこと」を最大の価値と考える彼らにとって、掃除に励むことは、知識を増やしていく活動の邪魔にこそなれ、何の益もないように思われたのである。

身の回りをきれいにする掃除に励むことこそ、人間力を高めるために、まことに大切な修行であると考える松下幸之助。それに対して、掃除のような〝雑用〟に時間を取られていたのでは、肝心の〝知識を増やす〟勉強の時間がなくなると主張する塾生たち。その間にはさまって、無理やりであっても塾生たちに掃除をさせなければならないと苦闘する私たち職員。たかが掃除にまつわる、本質的戦いの日々であった。

掃除をすることは、謙虚で、人とものを大切にする、思いやり深い人を育てる、極めて身近な実践であることを、指導すべき私自身が分かっていなかった。なか

なか真剣に掃除に取り組まない塾生の責任ではなく、「なぜ立派な人間になるためには掃除が大切か」を塾生たちに通じるように教えられなかった、私自身の責任は大きかった。

私は、十年間、様々な人を訪ね、様々な実践の場を踏んで、掃除の教育的な効果を理解し始めて、〝人間教育のあり方〟に少しばかり自信を持つようになった。

二〇一九年の初め、中央教育審議会は、「先生方の学校での業務負担を軽減するために、掃除は外注業者に任せる」という指針を発表した。日本の教育のあり方を考える中枢の人たちもまた、掃除は雑用であり、先生方がやるべき本来の教育の仕事ではないと考えている。

ここでもまた、教育とは、知識の量を増やすことが本来の使命であって、掃除は雑用であり、時間の無駄という考え方の枠から出られない。

Key Sentence
45

結構な身分で悟りはひらけない

知識では分かるけれども、まだ、心の底から〝そうだ〟とは共鳴できないということですね。それは無理もないと思う。私もほんとうはまだきみと同じです。けれども、こういうもの（松下政経塾塾是）をつくって、それを毎日唱和しているうちに、ほっと分かってくるだろうと、こう思っているわけです。私にしても、まあ商売では苦労してきたけれども、おいしいものも食べるし、遊ぶことも遊んで、やってきた。いわば結構な身分です。その結構な身分で、きみの言う、悟りの境地をひらくということはできない。もっと私自身苦労しないといかん。

（『松下幸之助発言集』第44巻）

塾生を指導した後、塾長は自らの部屋に帰ってきて、椅子に座ると共に、「手間かかるな」とつぶやいた。そして、「これでは間に合わんな」と口にした。若い塾生たちの〝頭で考えた理屈〟に付き合うことに疲れて、つい口を衝いて出た本音である。そして、その本音は、当時の職員にもまた共通した思いであった。

当時、松下政経塾の入塾資格は、二十五歳までであった。そのために、塾生たちのほとんどは、大学を出たばかり。実社会に出た経験のない〝世間知らず〟だった。世間にもまれて生きてきた松下幸之助と、まったくの世間知らずの塾生たちのやり取りは、そばで聞いていた私たちでさえも、「疲れるな」と、思わず口にしてしまうことが多かった。松下幸之助亡き後、私は、塾生の募集年齢を二十五歳の上限から十歳上げて、三十五歳にした。社会人体験を持つ人に門戸を開いた背景には、そんな事情もあった。

例えば、水泳を例にとろう。一度も水の中に入ったことがないけれども、水泳の理論だけはよく知っている人と、水泳の理論は専門的に学んだことがないけれども、とにかく幼い頃から見よう見まねで水泳の奥義を極めたいと努力してきた人が話し合ったらどうなるか。かみ合わないだろう。「まず水に入って泳いでみ

ろ」としか言いようがない。

私が主宰する『青年塾』の合い言葉の一つは、「分かってやるな、やれば分かる」。分かってやろうとすると、物事はどんどん難しくなる。簡単なことが、手も足も出せない難しいことになる。水泳で言えば、「まず飛び込め。そして泳げ」。そうすれば、もがき苦しみながら、徐々にいろいろなことが分かってくる。

昨今、高学歴がもてはやされる。大学院に行き、さらに留学して学ぶ人が増えてきている。学者や研究者の道は、知識の幅や奥深さが問われるから、幅広く、長く学ぶことも必要であろう。しかし、実践をめざす人は、「もうそんなに学ばなくていいから、ここから先は、やってみたら」と、さとすべきだ。

昨今、将棋の天才と言われる藤井聡太氏。彼は幼い時から、将棋の駒を握って実戦の勝負を繰り返してきた。もし藤井氏が、将棋の学校に行き、大学では将棋の学問的研究に没頭し、さらには海外留学もし、大学院で専門を極めた上で、将棋の世界に飛び込んだとしよう。はたして、今みたいな、ひらめきのある天才的な腕前で、先輩諸氏を打ち負かすことができただろうか。

第四章

成功と失敗の分岐点

Key Sentence
46

成功する人と失敗する人の違い

私は今まで人を使ってきて、いろんなことがありましたが、おおむねうまくいきました。けれども、ときに失敗することがあります。〝あのしっかりした男が〟と、こうなるんですな。

その同じしっかりしている人で成功する人と失敗する人は、結局はどこが違うのかをさらにせんじつめていくと、失敗するほうには〝私〟というものがあるのですな。一方、成功する人には〝私〟というものがありません。賢さは一緒である。しかしちょっと自分の私心が入ると、非常に差が出てきます。

（『松下幸之助発言集』第４巻）

神話は、歴史的な事実ではない。その国の始まりについて、先人たちが考えた物語である。その物語が連綿と語り継がれて、その国の「心」となっていく。神話は、その国の心の〝DNA〟のようなものだ。だから、戦前までの日本では、『古事記』と『日本書紀』を土台とする神話を教育の根本として徹底して、国民に教えた。しかし、戦争に負けたために、GHQ（連合国最高司令官司令部）は、神話を学校で教えてはいけないと、完全に否定した。そのために、戦後の教育を受けた日本人は、国の成り立ちについて、先人たちから連綿と語り継がれてきた神話をまったくと言っていいほど知らない。残念ながら、〝心の根無し草〟になってしまったのである。

神話の中に、「国譲り」のくだりがある。天の国にいる天照大神《あまてらすおおみかみ》が、地の国を治めるために、孫の瓊瓊杵尊《ににぎのみこと》を送ろうとした。その時、地の国は大いに荒れていた。そのままでは、とても孫を地の国に送れないと考えた天照大神は、地の国を治めていた大国主命《おおくにぬしのみこと》に〝国譲り〟を申し入れた。

その間に、様々ないきさつがあるが、それは省く。最後に、天の国から派遣されたのがタケミカヅチという神である。タケミカヅチが、地の主である大国主命

に、「あなたが治めているこの国を、これからは神の子が治めるから、譲ってほしい」と申し入れる。その時に、「治める」という表現を、二通りに言い換えている。そこが極めて大切な点である。

「あなたが〈うしはく〉この国を、これからは、神の子が〈しらす〉」。「治める」という表現を、〈うしはく〉と〈しらす〉に使い分けているのである。即ち、〈うしはく〉とは、力をもってわがものにしようという治め方である。それに対して、〈しらす〉とは、慈愛の心をもって人々を幸せにする治め方である。

日本の国は〈しらす〉、慈愛の心で人を幸せにする統治の仕方を伝統的に大切にしてきた。典型は、天皇の存在である。天皇は国民の幸せを祈り続け、二千年間、滅びることなく今日まで営々と続いている。それに対して、秦《しん》の始皇帝もナポレオンも、世界のありとあらゆる巨大権力は、すべて滅びて、今はない。人の幸せを願う治め方は滅びないのに対し、力でねじ伏せて我がものにしようとする治め方は、すべて滅んだ。

経営もまた同じだ。資本力をはじめとする力をもってライバルをねじ伏せ、自らの占有率を上げ、業界に君臨しようとする経営は、〈うしはく〉の経営である。

いつかは必ず滅びてしまう。それに対して、慈愛の心をもって、常に世のため人のために役立ちたいと願って、〈しらす〉の経営をしている企業は永遠に発展する。

今、グローバル経営がうたわれ、グローバルスタンダードに合わせることが、至上命令のような時代にある。しかし、本当は、日本の企業は日本の心に基づく経営に見直すべきである。〈うしはく経営〉に仲間入りするのではなく、〈しらす経営〉に徹するのだ。そうすれば、永遠の継続を約束されるだろう。

人の生き方も、まったく同じではないだろうか。「力をもって我がものにしよう」と、出世競争に目の色を変えたり、自分のお金儲けにばかり夢中になるような〈うしはく人生〉は、一時は飛ぶ鳥を落とす勢いの時もあろう。しかしいつかは必ず滅びる。それに対して〈しらす人生〉、即ち、私心を抑えて「慈愛の心でみんなの幸せを願う人生」を歩み続けるならば、永遠に幸せで豊かな人生を送ることができる。

Key Sentence

47

成功のコツは成功するまでやめないこと

成功を期する以上は、成功するまでやめない。自分が死んでも必ずあとを継ぐ人がある。その人間がやっていく。お釈迦さんでも、仏法を広めるにあたって、いろんなことを言うて、亡くなられた。けれどもそれが教典になったのは二百年後ですわ。二百年たって初めて教典ができた。お釈迦さんがこういうことを言われたということは、弟子の弟子の弟子がやったわけですな。そうですから、皆さんが志を立てて、これをやろうと思った場合に、必ず成功するとはかぎらない。しかし、成功するまではやめないと心に誓ってやれば、もし皆さんが途中で死んでも、必ずあと継ぎがある。

（『松下幸之助発言集』第5巻）

松下政経塾の塾生の基本的心得とも言うべき〝五誓〟の第一条は「素志貫徹の事」である。

そして、それには解説の文章がついている。〈常に志を抱きつつ、懸命に為すべきを為すならば、いかなる困難に出会うとも、道は必ずひらけてくる。成功の要諦は、成功するまで続けるところにある〉。松下政経塾では、塾是、塾訓と共に、この五誓を、朝会の時にみんなで唱和する。だから、松下政経塾に学んだ諸君(私が勤務していた当時は五年間)は、毎朝繰り返して唱和しながら、心の奥底深くに刻んでいったのである。

とりわけ、みんなが忘れ難い言葉は、〈成功の要諦は、成功するまで続けるところにある〉のくだりである。それは松下幸之助が、塾生を指導する時にも、しばしば、口にした言葉である。当時の松下政経塾には、政治の道に進もうとするものが多かった。とりわけ彼らの目の前の課題は、いかにして選挙に勝ち、政治家の立場を得るかにあった。あるいは落選を続けるかもしれない。そんな不安な気持ちを、〈成功の要諦は、成功するまで続けるところにある〉と自らに言い聞かせてきたのである。いわば、松下政経塾で学んだ人たちの最も心の支えになっ

てきた言葉とも言えよう。

私たちは、事がうまくいかない時に、原因を他に求めてしまう傾向がある。「予算が足りない。上司が反対する。部下がついてこない。お得意先から理解してもらえない」など、できない理由は無限に考えられる。しかし、松下幸之助は、「できない理由は、自分の外にあるのではない。無理だと諦める気持ちが道を閉ざし、できなくするのだ」と教えた。そして、失敗とは、即ち、諦めた時であるということも繰り返し教え続けていた。

私は、若い人たちに言う。「目標に向かっていても、様々な壁が君の前に立ちはだかる。その壁を、〝だから無理です〟と、君は引き返す理由にしている。しかし、壁は、引き返すためにあるのではない。すべての壁は、乗り越えるために用意されている」と。目の前に現れるあらゆる壁は、「あなたは本気か？」と確かめるための〝天の審判〟である。だから、壁を乗り越えることは、「私は本気です」と言うのと同じ意味を持つ。

ある時、新しい政党をつくろうと、松下幸之助に直訴に出かけた塾生がいた。松下幸之助は、「時期尚早やな」と言った。その一言に、勢い込んで乗り込んだ

塾生は大いに落胆した。それ以来、二度とそのことを口にすることはなかった。松下幸之助はある時、「この間、新しい政党をつくろうと勢い込んできた塾生がいたが、その後どうなったのや?」と秘書に聞いた。秘書は、「そう言えば、あれから何も言ってきませんな」と返事をした。その時、松下幸之助は、「その程度か?」と一言。一度断られたら、すぐ諦める程度の思いつきかと判断したのだ。その話は、そこですべて終わった。

一言反対されて、そのまま引き下がるようでは、「その程度か」である。本当に事を為そうと思うならば、断られても断られても、なお喰らいついてくるものがなければ、事は成らないという端的な実例であった。仕事も同じだ。一度断られたからと言って、そのまま引き下がるようでは、「その程度か」である。

Key Sentence
48

学歴なく、体が弱く、家が貧乏だったおかげ

ぼくが病弱であったことが今日の成功を裏づけているということがいえると思うんですよ。だから病弱もまた結構である。なにも体の弱いことを悔やむなかれ、というわけですわ。むしろ思わぬところの幸運がそこに蔵されているわけですね。それともう一つは、私はご承知のように学問がありませんわね。学問がないから、学問を尊重するという気になるんですね。自分が学問ないから、どんな社員でもぼくより偉いんです。（中略）だからこれも、人を使う上において非常にプラスしています。この二つがぼくをして大成功せしめたことですわ。

（『松下幸之助発言集』第8巻）

松下幸之助は、自らが成功した理由として、三つを挙げていた。私は、その話を聞くたびに、いつも大きな自信と勇気を与えられてきた。そして今、人生に本当のハンディキャップ、できない理由はあり得ない。どんなにマイナスと思えることも、すべて考え方によってプラスに転換していくと、確信を深めた。それが、人間の〝生きる力〟である。

その三つとは、まず学歴がなかったこと。義務教育のなかった時代、松下幸之助は尋常小学四年生の中退である。だから、ほとんど学校に行かなかったも同然だ。それが、経営者として成功した一番の理由というから、まことに勇気を与えられる。

第二番目は、体が弱かったことである。肺尖《はいせん》カタルという病気にかかり、病弱のために会社勤めを諦めなければならないほどであった。

そして三番目は、後の項でも触れるが、家が貧しかったからだ。父親が米の相場に失敗して、それまで住んでいた家を出て、大変貧しい生活を強いられた。九歳の時から働き始めたのも、家が貧しかったからである。

以上の三つは、普通に考えたら、どれも「だからできませんでした」という口

実になるものばかりである。しかし、松下幸之助は、「三つのおかげで」と言う。〝おかげ〟と考えられる発想が、大いに、参考になる。

まず、学歴のなかったおかげである。社員はみんな僕よりも学歴があり、いろんなことをよく知っている」と考えた。みんなが自分より偉く思えたので、「君、やってくれんか」と任せた。もし、自分が社内で一番偉いと思ったら、「うちの会社にはろくでもないやつしかおらん」と考えて、存分に力を発揮してもらおうとは思わないだろう。また、松下幸之助は並外れた〝聞く耳〟を持っていたことも、学歴がなかったおかげだと言う。「何も知らなかったから、何でも教えてください」という気持ちになれて、〝聞く耳〟を持てたことが成功に導いた。

次に、体の弱かったおかげである。体が弱かったので、会社を立ち上げたものの、先頭に立って働けない。週の半分は働き、半分は静養するような生活だった。そのために、部下を信じ、「君、頼む」と任せるしかなかった。そのおかげで、任された人たちが、社長に代わって頑張らなければならないと思って、どんどん成長したのだ。

最後に、家が貧しかったおかげである。九歳から親元を離れて大阪に行き、住み込みで働き始める。子守り程度の仕事しかできなかったが、最初に給料として、もらったのはわずか五銭。その当時でも、わずかなお金でしかなかった。しかし松下幸之助は、「家が大変貧しくて、わずかな小遣いしかもらえなかった。それに比べたら、なんとたくさんもらえるのかと、正直うれしかった」と言う。そして、もしお金持ちの家の子であれば、「こんなわずかなお金しかくれないのか。どこかもっと給料の高い会社に転職しようと考えたかもしれない」とも言う。貧しかったからこそ、わずかな給料を喜んで受け取れたのである。

私は、この三つの〝おかげ〟の話を聞くたびに、大変、勇気をもらう。苦しいことに出合った時には、「必ずこれを〝おかげ〟にしてやる」と力が湧いてくるのだ。そのためには、「嘆いても嘆いても、どうにもならないことは嘆いてはいけない。それも見方を変えれば、大きなチャンスかもしれない」と考えて、「一体どんなチャンスなのだろうか」と、思いを巡らせることに生きがいを感じるようになった。

Key Sentence
49

運の強い人を、塾生として採用した

なんぼ賢くても、なんぼ知識があっても、運のない男はあきませんわ。皆さんも運の強い人を使わないとあきませんで。

（『松下幸之助発言集』第10巻）

今から四十年以上前、松下政経塾設立のニュースは新聞や雑誌に大きく取り上げられた。ほとんどがトップ記事や特別企画。おかげで、大した宣伝をしなくても、多くの人たちが門を叩いてくれた。入塾希望者の数は、九百人を超えていたのだ。

その中から第一期生の二十三人を選んだ。〝エリート中のエリート〟などといった表現で、塾生たちは世間から持ち上げられた。

当然、世間の関心は、どんな人が選ばれたのだろうということに集中した。と同時に、松下幸之助が直接面接したこともあって、「松下幸之助さんのお眼鏡にかなった人はどんな人だろう」と思い、「松下幸之助さんはどういう基準で、塾生を選んだのだろうか」と関心を持った。

そういう関心を代表するかのように、ある人が松下幸之助に直接尋ねたことがある。「どういう基準で二十三人の塾生を選ばれたのですか？」と。自らは尋常小学校四年の学歴である。まさか「偏差値と学歴ですな」なんて答えはあり得ないとの期待も込めて、答えを待った。

その時の答えは、今なお、塾生はもとより、関係者の間でも語り草になってい

る。「運と愛嬌ですわ」。その一言に尽きた。

「運の強そうな人。そして、誰からも愛される愛嬌に満ちた人」。まさに、学力ではなく、人間力で選んでいるというわけだ。

問題は、〝運〟と〝愛嬌〟をどのようにして判定するかだ。とかく、能力を数字で表すことが、客観的で公正な評価基準だとみなす、世の中の軽薄なものの見方からすると、「そんなわけの分からない判定基準では困る。第一、公平性に欠ける」と文句の出そうな話だ。

しかし、実社会は、数値で判定できる能力では、渡れないのである。学歴と偏差値で、実社会において立派な仕事をすることはできない。

例えば政治家をめざす時、一流大学を飛び抜けた成績で卒業したからといって、当選には結びつかない。学歴だけでは選挙に勝てないのである。また仮に当選したとしても、「頭は切れるかもしれないが、人情味がない」と言われて、政治家として大成しない。私は、何度も松下政経塾出身者の選挙につき合ったけれども、学歴と偏差値では当選がかなわないことを、痛いほど知らされた。逆に、学歴はともかく、愛嬌があってみんなに好かれる人は、選挙にも勝てるのだ。

私が松下電器産業に入社した時の最初の研修は、町の電気店の店員として働くことであった。その時は大変な不況期であったため、販売研修の期間が半年にもわたった。

その研修を通じて私が会得したのは、「学歴ではテレビ一台、洗濯機一台売ることができない」ことである。「私は、世に一流という大学を優秀な成績で卒業してまいりましたので、あなたにテレビを買っていただかなければ困ります。洗濯機を買ってください」と言っても、お客様には「それは恐れ入りました。つつしんで買わせていただきます」とは言っていただけない。「関係ない」とおっしゃる。必要なのは運の力、愛嬌の力、即ち、〝人間力〟だ。

運が強いかどうかは、その人のものの考え方と深くかかわる。劣等感、自信喪失、やる気のなさなどは、運をひらく力にならない。松下幸之助は、「本来、人間は素直に考えて努力すれば、運が強い生き方ができるようになっている」と確信していた。「生まれてきただけでも運が強い」と。

Key Sentence
50

重役になれる方法を教えましょう

間違いなく重役、間違いなく部長になる方法を教えましょうと言うたんです。たいがい聞き耳立ててですな、（笑）それ何を言いよんのかいなというようなもんですな。（笑）それでですね、それはこういうことやと。

あなたがこの会社へ入ったということは、非常に縁があって、これは宿命なんだ。だからこの際ひとつあなたが一念発心して、きょう家に帰ったらお父さんとお母さんに、あるいは家族に、「自分はきょう入社式に行ってつくづく考えた。こんないい会社ないと思う」と言いなさい。まずこれや。

（『松下幸之助発言集』第11巻）

この言葉を私は、昭和四十年、今から五十七年も前の新入社員研修で聞いたことをはっきり記憶している。入社早々で、「よし将来はこの会社の重役をめざす」と勢い込んでいたのであろう。明確に覚えているし、その後のサラリーマン生活を貫く指針ともなった。

一般的には、入社した直後は、みんな「いい会社に入った」と思える。やがて、会社生活が長くなるにつれて、いい会社のつもりが、いやな会社に変わっていく。それは会社がいやというよりは、いやな上司、いやな同僚、いやな仕事などが待ち受けているからだ。その意味では、「いい会社に入った」と思い続けられる人は、まれとも言える。まれだからこそ、重役や幹部になれる人もまれなのだろう。

本当に「いい会社」に入って、「いい会社に入ったと思い続けなさい」と言われれば、誰でもできる。問題は、一般的には「よろしくない会社」に入っても、「いい会社に入った」と思い続けられるかどうか。そのものの考え方を問われているのである。普通はできない。そんなふうに考えることなど無理だ。

給料がいい、経営者がすぐれている、同僚は皆いい人ばかり、仕事の張り合いに満ちている、福祉も整っているといった、そんな条件の問題ではないのだ。自

らの選んだ道をどのように受け止めるかの問題だ。

まず、この会社を選んだのは、「一つの運命である」と考えられるかどうかだ。運命である限りは、「すべてを前向きに受け止めることが、いい仕事、いい人生、いい人間関係を導き、いい人生の運をひらく」ことを松下幸之助は教えたのである。結婚も同じだ。「この人を選んだのは運命だ。運命である限りは、いい人と一緒になった」と思い続けることが、幸せな結婚生活の基本というのと同じだ。最初は、みんな、いい人だったはずが、途中から、いやな人になり、別れようかとなる。

同期入社した人たちと、時々会うことがある。「我々が在職していた時までは、立場に関係なく、みんな〝いい会社だった〟と言って退職した。最近、言わなくなったらしいよ」という話になった。パナソニックの低迷は、こんなところにも表れている気がした。

この会社を選んだのは、運命なのだ。入りたくて入った人もいるだろうし、他に行く会社がなくて入った人もいるかもしれない。そんなことは関係ない。入った限りは、「運命」である。「運命」を呪うことは、人生を呪うことだ。

仮に最悪の条件の会社に入ったとしても、「運命」である。働き続ける限りは、「いい会社に入った。暗い雰囲気の会社で、明るく振る舞うことの大切さを学んだ」と言う人もいるだろう。「殺伐とした雰囲気だったから、せめて私は〝明るく振る舞う〟ことに徹し、その大切さが身に染みて分かった」と言う人もいるだろう。そういう意味では、みんなにとってよくない会社も、私の人生にとっては、〝いい会社〟だったと言える。重役になるか、ならないかの問題ではない。考え方の問題である。

いい国に生まれた。いい時代に生まれた。いい会社に入った。いい人と結婚した。運命を前向きに受け止めれば、人生はおのずとひらく。

Key Sentence

51

休まずやれば千里の道も達する

少々スピードがぬるうても、間断なく休まずやれば、千里の道も達するという考え方でやっているんですよ。一気呵成《かせい》にやって、疲れて一服するという行き方もありますが、疲れぬように、たゆまず一歩一歩進んでいく方法をとっているわけです。

（『松下幸之助発言集』第13巻）

私が松下電器産業本社の広報部門に在籍していた頃、新年・初出勤の日には、その年の全国紙の一月一日号に掲載した松下電器の全面広告が、ずらり事務所の壁面に張られて、みんなで評価し合った。今でも忘れられない広告の一つは、「松下電器はカメさんです」と、全面に大きなコピーが書かれ、カメの絵が描いてあったものだ。

その頃は、宣伝の単なるキャッチコピーかと思っていた。しかし、改めて今回、松下幸之助発言集を読み直してみて、それが、企業として大切にしたいと願っていた経営の基本姿勢だったことに気がついた。

松下幸之助は、〝カメのように息長く続けることが大切〟だと考えた。その証拠に、松下政経塾の塾生心得とも言うべき〝五誓〟の第一条は、「成功の要諦は、成功するまで続けるところにある」と教えている。成功するか失敗するかの分かれ道は、途中でやめてしまうかどうかだというわけだ。

私は自ら、〝継続〟の持つ力について、試してみたいと思って、〈デイリーメッセージ〉を試みた。その日一日、生きた証として、感動したこと、発見したことを文章にして残すことだ。最初の頃は、松下政経塾の塾頭の立場にあったので、

塾生諸君に向かって発信していた。塾を離れる時、役割を終えたのでやめようと思った。ところが、塾生とは別にこの〈デイリーメッセージ〉を読んでくれていた塾外の人たちが、「私たちは読みたいから続けてほしい」と申し出られて、再出発した。そして、今、一万一千号を超えた。まさに、カメさんのようにゆっくりとではあるが、休まず続けてきたのである。三十年を超える継続になった。「間断なく休まずやれば千里の道にも達する」という言葉の、千里どころか、万里にもなりそうだ。

『継続は力』という言葉がある。例えば子供に、「これどういう意味？　どんな力のこと？」と質問されたら、どう答えるだろうか。私は、「継続は、人生を変える力」と解釈している。例えば、新型コロナウイルス感染蔓延《まんえん》のために外出を自粛しなければならなくなった。しかし、そんな事情とは関係なしに、私はデイリーメッセージを継続しなければならない。第一、この時期、私が何を考え、何をして、どんな日々を送っているかを注目してくれている読者が数百人いる。読者の存在が、どれほど私に生きる力を与えたことか。

また、在宅の日々の中で、今日のメッセージを送るためには、身の回りのこと

について注意深く、目を皿のようにして日常生活を送らなければ、今日書くべきネタが見つからない。見慣れたはずの景色が、見方を変えると、新しい発見と感動を与えてくれるのだ。人間、一生のうちに見ているものはほとんど大差がない。何に差があるかと問われれば、漫然と見ているか、獲物を狙う動物のように真剣に見ているかの違いだ。

一万一千日を超えて、一日も休まず、デイリーメッセージを書き綴ってきたおかげで、私は、漫然とした人生を脱して、日々、〝発見と感動〟を、まるで獲物を狙うかのように求める生き方ができるように変わったのだ。

私は若い人たちに、「一つを励めば、万事が変わる」と教える。人は、基本的に、真剣にそして真面目に生きている。しかし、「カメさんのように決して休まず、志を持って続けていることは何ですか?」と聞かれると、答えに窮する。だから、若い人たちには、「あれもこれもしようとすると、すべてが中途半端になる。一つだけでいい。世のため、人のために、一つだけは、毎日、どんなことがあっても続けると固く決意し、実践すれば、千里の道に到達し、人生が変わる」と教える。

Key Sentence

52

誠意が顧客に喜ばれ、信用される

一つ物を売った、その売った物がはたしてうまく使えているかどうか、いっぺん訪ねてあげたいなというようなことになって、訪ねてあげる。「いやそれは結構です。うまくいってますよ」「そうですか、それは結構ですな」ということで、帰ってくる。しかし、また一週間もたてば機会をみて、「かどを通ったから寄りましたが、どうですか。うまくいってますか」と言う。そういうような一つの誠意とでも申しますか、そういうことが自然に顧客に喜ばれ、信用されるということになるんやないかと思うんです。私どもが商売を始めました当時は、ぼくは自分でそれをやったですよ。

（『松下幸之助発言集』第17巻）

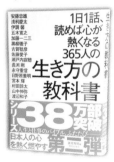

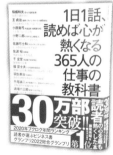

私は、三十歳代の中頃に、三年ほど電子レンジの販売の仕事をしたことがある。当時の職制名でいうと、電子レンジ事業部販売二課長。当時の事業部は〝商店制度〟を導入していたので、上甲商店店主と呼ばれていた。それまでの社内新聞編集責任者から、いきなり一つの部門の長として、販売責任を負うことになった。

まったく営業経験のなかった私は、営業活動のイロハとも言うべき基本を、部下から学んだのである。毎週、同じ日の同じような時間に事業部を出て自らの担当地域に向かい、そして週末に帰ってくる部下たちを見ていて、「同じスケジュールで担当地域を回りながら、人によって、どうしてこんなに販売の結果に差ができるのだろうか」と疑問に思って、部下の行動を詳しく観察した。

いくつもの発見があった。そしてそれによって、私は営業活動の基本を自分なりに習得したとも言える。言葉を変えれば、部下に教えてもらった販売活動〝イロハ〟とも言える。それは、まことに実践的なもので、自分なりに納得することが多かった。

例えば、普通のセールスマンは、売り込むことには熱心だ。しかし、売り込みに成功した後は、手のひらを返したように次に向かう。ところが、〝売れるセー

ルスマン〟は、売った後のフォローに熱心である。

普通のセールスマンは、売り込みが終わった時点で、営業活動が終わっている。そして、次の新しい目標に向かっている。ところが、〝売れるセールスマン〟は、売った後、「この間、買っていただいた商品、順調に動いていますか？」とか、「不都合はありませんか？」と聞く。

不思議なことに、売り込む時には何となく、「うるさいな」とつれなかったお客様も、売った後の訪問に対しては、好意的に対応していただけるのだ。そして、周りの誰に言うともなく、「彼は熱心だね」とか、「彼から買うと安心できる」と、巧まずして、宣伝していただけるのだ。

なるほどと納得したことがある。売り込みは、「お客様のためになる」と確信してお勧めしているものの、相手の利益よりもこちらの利益が先行している。それに対して、売り込んだ後は、相手の利益に対して心遣いをしているわけだ。まさに、松下幸之助の言葉を借りるならば、誠意の表れだ。

私はかつて、家を建てた時に、それと同じことを客の立場で感じたことがある。売り込むまではあんなに熱心だった住宅会社のセールスマンが、家が完成してお

金を払った後は、寄りつかなくなるのだ。本当は、「住み心地はどうですか?」「何か不都合なことはありませんか?」と、事あるごとに立ち寄って聞いてくれたら、「あそこの会社に建ててもらってよかったね」と言うだろうし、周りの人たちにも自然のうちに、「あの建築会社はいいよ。特に営業の誰それがいい」と、言われなくても宣伝している気がした。また、ものは使い始めて、初めて使い勝手が分かる。面倒を見てほしいのは、その時からだ。

販売を伸ばすためには、もっといい方法がないだろうかと、多くのセールスマンは〝売り方〟に目を奪われる傾向がある。しかし、本当は、売った後で差がつくのである。売ることばかりを考えていると、売った後の努力は、時間の無駄と思ってしまう。

Key Sentence
53

貧乏だったことが成功に結びついた

（私の）運命をつくったものは、まあしいていうならばぼくが貧乏に生まれたこと、子どものとき貧乏になったということでしょうな。それがやはり今の成功に結びついているということはいえるね。しかしぼくが貧乏になったということもぼくのせいじゃないわな。ぼくの知らんことですわな。ぼく以外の出来事によって貧乏になったんですわな。だからやっぱり運命といえば、運命論ですね。

（『松下幸之助発言集』第20巻）

書店に行くと、「成功する方法」にたぐいする本が氾濫している。最近、特にその種の本が重宝されるようだ。成功したいと願う人たちは、競い合うように具体的な方法を教えてくれそうな本を求めて帰る。

松下幸之助の言葉は、そのような世の中の軽薄な風潮を真っ向から否定するものだ。

まず、あえて成功した一番の理由を挙げるならば、「貧しかったから」というのは、衝撃的である。「家が裕福で、幼い頃から家庭教師について、ピアノ、英語、体操、勉強など、何不自由しなかったから成功しました」と言われれば、大抵の人は、「なるほどな。それぐらいやれば成功するな」と納得して、「普通の家庭に育った私には無理なことだ」と思い込んでしまう。

そうした考え方がまったくの間違いであることを、松下幸之助の一言は教えてくれる。人間は機械と違って、貧乏であることや逆境であることさえ生かす能力を自らの内に持っているのだ。さらに言えば、一般的にはハンディキャップと思われるマイナス要因が、逆に、大きな成功の理由になることがある。それが人間の生きる力である。

だから、コンプレックスなど持たない方がいい。自分が人よりも一番劣っていると思っていることさえも、人生においては、最大の成功の要因にすることができる。人間は、そんな力を内に秘めている。〝人生にハンディなし〟が、私の信念の一つだ。「人は長所につまずき、短所に救われる」と、私は信じている。

かつて松下電器に勤務していた当時、アメリカに出張したことがある。アメリカ松下電器の経営責任者と食事を共にした時のことである。「アメリカに来て、仕事ができる人は、概して英語を苦手とする人だ」と、その人が言った。

私は、思わず我が耳を疑った。英語ができないから業績が上がらないといえば、理屈に合っているし、誰もが納得する。その逆だ。思わず、「どうして英語の苦手な人の方がいい仕事をするのですか？」と質問した。

その人は、「英語の上手な人は、英語におぼれてしまう」と言った。瞬時に、「どうしてですか？」と尋ねた。答えは、「英語が上手な人は、現地に溶け込もうとする努力をあまりしない。自分は英語がしゃべれるから、現地の事情も分かっていると思い込んでいる。その思い上がりが結果として裏目に出るのだ」とのことだ。まさに、語学力で仕事はできない。問われるのは、〝人間力〟である。

英語の下手な人は、何とかして現地に溶け込もうと懸命な努力をする。食事の時は、同僚のアメリカ人に必死に話し掛ける。お得意先に行っても、英語が下手だから、何とか相手の言うことを理解しようと、あの手この手で近づく。そんな努力を、現地の人たちも好意的に見てくれる。「あいつの英語はたどたどしいけれども、あの熱心な姿は素晴らしい、応援してやろうではないか」と思うから、ものも売れるし、仲間も協力的になる。

松下幸之助の子供時代は、今では想像できないほどの貧乏な生活だった。だから、学校も尋常小学四年生の中退だ。九歳から、親元を離れて住み込みで働き始めている。そんなすべてが、後々の自分をよき方向に導いてくれたという。「学校に行かなかったために、何も知らなかったおかげで、誰にでも教えてください と頭を下げることができた」「家が大変貧しかったので、わずかな給料に喜びを感じられた」。勇気を与えられる一言一言ではないか。

Key Sentence

54

失敗を繰り返す人の習性

ぼくは過去の経験から多くの人を知っていますがね、そういうふうに実際に失敗したときに、その原因を素直に反省して適切につかむという人は、きわめて少ない。たいていは、いろいろ反省はしてみるけれども、結果として、自分には何も間違いはない、自分は正しかったけれども、世間が誤っていたからだとか、不景気だったからだとか、外部に原因があるように判断する人が多いんです。私はこういう人は、概して失敗を続ける人やと思うんです。

（『松下幸之助発言集』第21巻）

私は、松下政経塾に十四年間勤務した。その間、数多くの選挙を経験してきた。松下政経塾出身の国会議員は既に三十人を超えている。知事や市長もいる。地方議員も多い。在職中は、ほとんどみんなの選挙につき合った気がする。

そんな中で、ひとつ気がついたことがある。例えば、奮戦むなしく選挙で敗れた人もいる。また、志半ばにして、政治の世界から去っていった人も少なくない。選挙が終わった時の一言の違いが、今考えると、実は大きな差になった気がする。

敗戦直後、一般に、二つのタイプの発言がある。一つの敗戦の弁は、「相手が強過ぎた」。そしてもう一つの敗戦の弁は、「私が弱過ぎた」。そして、なぜか「相手が強過ぎた」と言った人は、結局、いつの間にか政治の世界から消えてしまっているように思う。

政治家は、選挙に負けた時に決まって、「不徳の致すところ」と言う。それは季節の挨拶のようなもの。問題は、本心である。本当に「不徳」と思っているかどうか。本当に「不徳」と思っていたら、自らの力不足を素直に認めたことになる。たいていは、「不徳の致すところ」と言いながら、「投票率が思ったより低かった」とか、「相手候補に風が吹いた」とか、裏返すと「私は悪くなかった」と

叫んでいるのだ。自らを厳しく振り返る、本当の反省がない。こういうタイプは、落選を繰り返す。

本当に、「力不足だった」と思える人は、きっと、何が足りなかったかを深く反省して、真剣に考えるだろう。そして、どうすればその力不足をカバーできるだろうかと考えるから、その後の生き方に著しい成長が表れ、次の選挙では、当選する道がひらけてくるのだ。

かつて横浜市長だった中田宏氏は、松下政経塾の十期生。中田氏が横浜市長選挙に出馬する時の経緯を鮮明に記憶している。前市長は、剛腕、圧倒的な支持率で、長きにわたって市政をつかさどってきた。当然、その勢いに乗って、次の市長選挙に立候補すると表明した時、中田氏は、敢然として、「私も立つ」と手を挙げた。

誰が考えても、現職に勝つのは無理だと反対した。その時のセリフが振るっていた。「これは勝てるか勝てないかの問題ではないのです。許せるか許せないかの問題です」と言って、多選反対など三つの反対理由を掲げて立候補し、下馬評をひっくり返し、見事当選を果たしたことがある。つまり、「相手が強かったか

ら負けた」という言い訳は、自分の正当性を言いたいがための寂しい口実でしかないことがよく分かる。

私が電子レンジの販売課長時代のことだ。赴任した当初、部下のベテランセールスマンたちが、「この地域で販売を伸ばすことは無理です」と言った上で、系統立て、箇条書きにした文書を前にして、売れない理由をとうとうと説明してくれたことがある。

販売の〝素人課長〟も、さすがに、「そんなに難しい市場では、あなた方の努力が生きてこないね。売り上げが低迷し続けるのも無理はない」と言いつつも、一つ質問した。「市場の悪さについては、よく分かった。ところで、あなた方の売り方は悪くないの？」と、悪意はなく、率直に聞いてみたことがある。売れない言い訳ばかり考えて、本当の反省をしない限り、どうしたら売れるかという前向きの知恵がなえてしまう。

本当の反省は、進歩のための一番の近道だ。何が間違っていたか、何が予定と違っていたかを厳しく反省することは、次なる成功のためには欠かせない。ケチな自尊心を捨てられるかどうか。本当の反省ができれば、道はおのずとひらく。

Key Sentence

55

自主独立の精神をもつ者だけが成功する

各自が自主独立の精神をもつことにおいてのみ、ものは成功するんだ、そしてそういう自主独立の精神と精神がお互いに結びあう、お互いに交渉する、そのよい交渉は成功する、そういうように私は考えるのであります。この会社に入れば、この会社は大きいから大丈夫だろう、そういうような考えで入ってきた人ばかり集まった会社ならば、その会社はつぶれてしまいます。

（『松下幸之助発言集』第23巻）

松下電器に入社して以来、骨の髄まで叩き込まれたことがいくつかある。その一つは、「自主自立」。即ち、「自分の足で立て」ということだ。

三十一年の我がサラリーマン生活を振り返ってみて分かったことの一つは、サラリーマンたちが口角泡を飛ばして口にする、上司、同僚に対する不平不満の大半は、〝依存心〟の裏返しであることだ。理路整然、悲憤慷慨《こうがい》、話を聞いている範囲においては、いかにももっともらしい正当性を主張しているように聞こえる。しかし、私には、〝依存心〟に裏づけられた〝くれない族〟の遠吠えにしか聞こえないのだ。

「会社が面倒見てくれない」「上司が分かってくれない」「誰も手伝ってくれない」。すべて、その主張の最後には、〝くれない〟がつく。自主独立は、〝くれない〟とは正反対の位置にある。即ち、「自分のことは自分で責任を持って何とかする」精神だ。

松下政経塾の基本財産は、松下幸之助の私財である。松下電器とは、資本関係はまったくない。また、松下電器の事業の中にも、含まれていない。当時、私が徹底して叩き込まれたのは、「松下政経塾は松下グループの中に組み込まれた組

織ではない。まったくの独立した法人である。ついては、松下グループにはいっさい頼るな」。

適宜適切な報告は心掛けたけれども、「少し手助けしていただけませんか」とは口が裂けても言えなかったし、言っても絶対に聞いてもらえなかった。私が塾頭に就任した当時、スタッフは、松下電器からの出向者で固めていたが、数年のうちに、すべての出向社員を松下電器に復帰させ、松下政経塾出身者を採用した。また、私自身は、松下政経塾を離職する時、松下電器を途中退社して、自ら、〝志ネットワーク〟活動を立ち上げ、『青年塾』を創設して、自立した。

中でも、一番苦労したのは、塾生たちの選挙の応援だ。松下政経塾創設当時、塾生たちはもとより、その父母をはじめとする親類縁者も、「松下さんがついているのだから、選挙資金と選挙は心配ない。きっと面倒を見てもらえる」と思い込んでいた。私たちスタッフもまた、「徒手空拳の若者を集めた責任がある。選挙の資金は、松下幸之助が面倒を見るつもりだろう」と楽観していた。

ところが、選挙にビタ一文出さないのだ。私は何度、足しげく松下幸之助のもとに通ったことか。選挙にどれほど金がかかるか、親が政治家ではない普通の家

庭の子が、選挙に出るのにいかに資金集めが大変かなど、手を替え、品を替えて説明し、説得した。時には、「そんなにかかるか。大変やな」と言うので、「成功」と心の中で叫んだが、話はそこで終わってしまっていた。

結局、松下幸之助は、松下政経塾出身者が選挙に出る時には、一銭も出さなかった。「選挙に出るまで、一人前に育てる教育の金は出す。しかし、選挙は、裸一貫、自分で立ち上がれ」の一念を貫いたのである。一人、まとまったお金を松下幸之助に借りたことがあった。松下幸之助は、「借りたお金は返してもらいや。利息はまけとく」の一言。私は取り立て役で、とうとう全額、回収したのである。

それにしても驚くのは、「選挙の時に、松下幸之助からビタ一文出してもらえない。松下グループ挙げての企業ぐるみの応援もない」とみんなが分かった時から、実は、選挙に強くなったことだ。「お金をふんだんに出してもらえたから選挙に勝てた」というのであれば、理屈に合っている。実際は逆だった。「お金はまったく出してもらえない。自分で何とかするしかない」と本気で腹をくくった時から、選挙に勝てるようになったのだ。

自主独立の気概は、人を強くする。私自身が経験を通じて教えられたことだ。

Key Sentence
56

訪問した家の便所の紙を見て、感激

自分は過日滞京中、東京で相当成功せられたある方の家を訪問した。その家へは、かつて宮様が成らせられたこともあったそうで、建築といい、庭園といい、さすがにそれとうなずかれ、家具調度いずれも結構を尽くされていた。その家で用談中、自分は便所を借りたのである。便所ももとより立派なものであった。そしてそこに使い紙が備えてあった。その紙が〝すき直し〟というて諸君もご承知のごとく、紙の中ではまずいちばん粗末なもので、しかもそれを四つ切りにして整頓よく器に入れてあった。この一事をもって家長の細心の気配りがうかがわれ、成功のよってきたるところと深き感激を覚え、得るところ実に多大であった。

（『松下幸之助発言集』第29巻）

第二十九巻は、昭和八年、松下幸之助三十八歳の時からの発言である。世間で、松下幸之助が〝経営の神様〟と高く評価されたのは戦後である。その意味からすると、戦争前の松下幸之助は、私たちの〝手の届く存在〟であり、〝神様になる前の松下幸之助〟である。朝礼で話をした記録がすべて残っている。その一語一語も大したものである。

今回は、身近な訓話を取り上げてみたい。

▼「十年ほど前、商用で上京する友人を駅に見送った時、自分も要務を帯びて上京し得る身分になりたいものである」（当時の松下幸之助の夢は、まことにささやかだった）

▼長上からの注意、叱責《しっせき》は感謝の念をもって享受しなければならない。不愉快な態度を示す者は、再び言いたいことも言えなくなり、その人の向上はまったく行き詰まる。

▼鶏料理を専門とする調理人が言う。「たいていの鳥は胃袋一杯に食べているのに対して、鶴はいつも六、七分ぐらい。鶴の長寿の因ここにあり。腹八分目は健

康の元なり」。

▼織田信長が近侍を次々に呼んだ。最後に呼ばれた森蘭丸。「ご用は」と聞いたら、「ない」。下がる時、畳の上に落ちていた塵《ちり》を拾い引き下がった。些事《さじ》なりと言うなかれ。

▼繁栄する店は、首脳者から小僧さんに至るまで、人に接する言語動作にもどこか人を引きつける誠実さが見られる。衰運する店は、丁重であっても、空虚なものだ。

▼大三菱の始祖岩崎弥太郎氏が側近を叱った。「いやしくも本社の最高幹部たる君にして公私を分かたず、私用の欠勤届に会社の便せんを使用するとはもってのほか」。

▼自分は近頃、つくづく、まずいい人と言われるようになりたいと考える。偉い人、手腕ある人と言われるのは、しかる後である。いい人と言われるように心掛けていただきたい。

▼廊下の行き交いに、目礼ぐらいは交わそうというはなはだ簡単なことですらまだ十分に行われていない。よいことと知りながら、さて実行となると難しいのが

世の常である。

▼「人間だから間違いの絶無は期しがたい」という。しかしそのような気持ちでは決して正確な仕事はできない。「断じて間違わない」という気持ちがなければならない。

▼財宝は時に散逸する恐れもあるが、いったん体得した勤勉の癖は、一生を通じての宝である。誠実勤勉の宝を、完全に自己のものにするように切に望む。

▼松下電器は他と比べ、別段、優秀な人のみの集まりであると考えられない。ただ全員の持つ熱誠において、はるかに他をしのぐものがある。これが誇りであり強みである。

▼人間である以上、私にも人によって好き嫌いはある。しかし、その気持ちを、公器である松下電器の人物登用上に差しはさむことは断じて許されない。

▼自己の足らざるを噂されて不平だけを起こしている人は、それで行き詰まりである。憤慨する前に、その欠点の矯正に努める人こそ、本当に進歩向上のある人である。

▼出世は決して、自己のためと考えるごとき小さなものであってはならない。す

べからく、人のため、世間のために大いに尽くさんがための出世を望まなくてはならない。
▼公人として私人として常に一言一言を深く慎み、いったん約束し、言明したことは断じて実行し、いずれの人よりも全幅の信頼を受ける人格を涵養《かんよう》せねばならぬ。
▼表玄関に「安全週間」とあった。事務所では機械がないから、体にけがをすることはないが、仕事のミスをすることがある。頭の中にけがをすることがないとは言えない。
▼人の採用に関して、非採用者は将来、松下電器のお客さんとなる人である。一度松下電器を志望した人に対して、十分によき印象を与えなければならない。
▼諸君が上司なり同僚なりから仕事を命ぜられるか、頼まれた場合、すぐ処理する。それで責任は果たせた。しかし一つ進んで結果を依頼者に報告することが最も肝要。
▼言うべくして行いがたきは実行だ。毎日学問し、いかにいいことを知ったとて、実行に移してこそ、世を益し、自己の成功も望まれるのである。

▼やはり定まった時刻は尊重して、必ず時刻前に出勤することを長く変わらず続けていくところに、ほかより大なる信用を得られ、物事の成就もあるのである。

▼「僕は体が弱い方で」と漏らすことが多かった。しかし、最近、思い直した。「自分は弱い」などと言うことは、自分の精神力の弱さを表明するようなものだ。

▼心を病んでいる場合、症状が外に表れないため分かりにくい。心を病む人もあることをよく認識し、これに対し慰めに十分に意をいたし、快癒を促進せねばならない。

▼筋の通らぬことに心臓の強いのは、もとよりよくないことである。しかし正しいことに心臓が強くいくということは、絶対、必要である。心臓の強さの必要を切実に感じる。

▼商人は利益の前に無条件で叩頭《こうとう》するので卑しいものとされていた。松下は創業以来、それはしなかった。正しくない要求に、利益のため叩頭することは断じてなかった。

以上、思いつくままに抜粋してみた。戦後の松下幸之助の発言は、視野が広く

大きくなっているために、若い人たちには、今一つピンとこないところがあるかもしれない。その点、戦前の発言は、三十八歳から五十歳ぐらいまでの働き盛りであり、非常に身近な気がして、大いに参考となる心構えが多い。そこで、あえて羅列的に、心得たいと思うことを並べてみた。

Key Sentence

57

報告の上手な人と下手な人の差

一つたとえていうと、「きみ、こういうところへちょっと電話をかけてくれんか。あなたに会うと約束をしておったけど、きょうはちょっと会えない、あしたにするとちょっと電話かけておいてんか」と言う。「承知しました」と言うて、電話かけてくれる。電話でそのとおり言う。ところが、「かけました。先方さんは承知いたしましたと言いました」とちゃんと報告してくれる人と、報告を忘れる人がある。これはもうたいへんな違いです。必ず報告をせねばいかん。

（『松下幸之助発言集』第32巻）

私が会社に入って最初に叩き込まれたのは、「報告」であった。私の時は、確か、「ものを届けてくれるか」と頼まれたことを例に取って話があった。「これをあの会社のだれだれさんに届けてくれ」と頼まれたとしよう。言われたから当然、届けに行く。人によっては、「届けておきました」と報告してくれる。しかし、人によっては、何も報告しない。そうするとこちらも心配になって、「先日、届けてくれと頼んだ品物、ちゃんと届けておいてくれたか」と確認しなければならない。「相手に心配をかけるようなことでは、人に信用されない」、そんな趣旨の話を鮮明に記憶していて、私は、上手に報告することを最も心掛けたと自負している。

報告を的確にすると、なぜか、人に信用されるのだ。言葉を変えれば、上司に対してであれ、他の人に対してであれ、信頼を得るためには、的確な報告を心掛けることが一番だ。

『青年塾』では、報告の一例として、研修報告書の職場の上司への報告を徹底して教える。二泊三日の研修を終えたら、どんなことがあっても、週明けの月曜日、上司の机の上に、「先週末に出かけてきた『青年塾』の報告書です」と言って、

必ず提出するように教えている。上司が出張中であっても、メモを書いて、必ず、月曜日の朝いちばんに提出するのだと厳しく指導している。

そして、指導するだけではなく、本当に提出したかどうかを確認するために、「報告書の写しを取って、塾長である私と、塾頭にも郵送するように」と指示している。

ある時、塾生を派遣している会社の経営者から、「いや、彼は『青年塾』に行くようになって成長しました。月曜日の朝いちばんに研修報告書を出しました。今までは、何度も催促しなければ出さなかったのです」と、驚いていた。そんなわずかな努力が、人を驚かせるのである。

上司の指示で『青年塾』に出かけた。当然、上司は研修の結果を聞きたい。ところが本人は何も言わない。思わず上司が本人をつかまえて、「君、『青年塾』の研修に行ったのだろう?」、本人は「ハイ」と答える。上司は、「どうだった?」と質問する。これでは、アウトなのだ。上司に心配をかけた状態にあるのだ。だから、週明けいちばんに報告するのは、上司や同僚の信頼を得る最も身近で、今すぐからできる実践だ。

上司の立場にある人も、部下に報告する義務があると思っている。「今回、かくかくしかじかの研修に行ってきた。そしてこのような学びをした」と部下を集めて報告すれば、部下もまた、上司を信頼するようになる。家では、留守役だった奥さんに対して、報告の義務がある。「休日の二日間、研修のために不在で苦労をかけた。このような学びをしてきた」と報告すれば、奥さんや家族も信頼してくれるようになる。何の報告もしなければ、「どこへ行って何をしてきたことやら。この忙しい時に」と不満いっぱいになる。

私は電子レンジの販売課長時代、売れる部下と売れない部下の比較をしたことがある。ひとつ気がついたことは、売れるセールスマンは月曜日の朝いちばん、前の週の活動のまとめを提出する。売れないセールスマンは、月曜日の朝から終日かけて、前の週の報告書を作成している。

〝売れるセールスマン〟は、月曜日にはその週の仕事に着手している。〝売れないセールスマン〟は前の週の残務整理に追われて、丸々一日かかっている。そんな違いの大きさに気がついた。

Key Sentence

58

まんじゅう屋さんの成功から学ぶ

ある町にまんじゅう屋をつくるというときに、このまんじゅう屋さんの成功したいという願いが相当強いものでなければ、成功はしないのであります。まずまんじゅうをつくって店に並べる。しかしそれだけではいけない。店へ出すと同時に、その町のありとあらゆるまんじゅう屋の前を通って、よそのまんじゅうはどういうような大きさか、どういう色艶《いろつや》をしているか、どういう陳列のしかたをしているかとかを見てみる。そして、一度よその品物を買って、自分のところのものと食べ比べてみる。（中略）それで第三者に食べてもらう。

（『松下幸之助発言集』第42巻）

私などは、まんじゅうを販売して売れ行きが悪いと、「売り方が悪いのだろうか？　誰か、売り方を教えてくれる人はいないだろうか」と思ってしまう。あるいは、〝簡単！　売り上げ倍増、間違いなし〟などとうたったセミナーに一目散で走ってしまうかもしれない。要するに、〝方法〟の良し悪しの問題であると思い込んでいるのだ。

松下幸之助は、そんな方法のことを言っているのではない。端的に言えば、「本気になれ」と教えているのだ。まんじゅうがどれほど売れるかは、売る人がどこまで本気になれるかの問題だというわけだ。

私は、松下政経塾に出向を命じられた時、「電子レンジの販売課長に、政治家を育てる仕事などできません」と断りに出かけた。その時に松下幸之助は、「君が政治についてまったくの素人であることは問題ない。十分な知識や経験を持っている人の力を借りればいい。そんなことではなく、とにかく、この仕事にどこまで本気になれるか、熱心になれるかである。ただ一点、〝本気であり、熱心である〟ことだけは、誰にも負けてはいけない。本気の熱心さがあれば、道はひらける」と教えられた。

それは私にとって、大変、救いになる教えであった。知識や技術が足りないから、何とかしろと言われても、手の施しようがない。しかし、「誰よりも本気であり、熱心である」ことだけは、今すぐに、たった一人で実行できる。

十四年勤務した松下政経塾時代、〝熱心さ〟だけは誰にも負けなかったつもりだ。通り一遍の仕事の仕方ではなかった。塾の中に住み込み勤務する決心をしたのも、夜中に雪が降れば起き出して塾の中の松の木に降り積もる雪を落としたのも、休日、塾からバス停までの歩道に生い茂る雑草を刈ったのも、塾生たちに毎日メッセージを書いて送ったのも、すべて、私自身に言い聞かせた言葉は、「そこまでやるか」であった。

仮に、まんじゅうがなかなか売れない時、「開発部門がこんなものしかつくれないから売れないのだ」とか、「あんな立地条件では売れるものも売れないわ」とか、「そもそもまんじゅうなんて、この時代に売ることに無理がある」などと、他人に責任を転嫁しているようでは、永久に道はひらけない。「売っている自分の本気さ、熱心さが足りないのではないか」と厳しく問い直すことだ。

『青年塾』では、塾生たちにこのように厳しく教えている。「小手先の方法論に

走るな。物事に取り組む時には、いつも、自らの本気さ・熱心さを問い直せ。〝あの人の熱心さには、本当に頭が下がる〟と周りの人たちが感心するほどでなければばならない」。

松下幸之助は、長年、不眠症で悩んだ。夜、眠れないのだ。その一番の理由は、物事を考え始めたら、目がさえてしまうからだ。何かの課題に取り組んでいる時、布団に入ったら、熟睡して、朝まで目が覚めないようでは、「まだまだだな」と叱られそうだ。

Key Sentence
59

信じる者は救われる

この運動（ＰＨＰ運動）は多数の人の参加によって初めて効果をあげるのである。また、多数の人とどうしても一緒に運動していかなければならないというときに、いわゆる信ずるということが参加する人に生まれてこなければ、効果をあげることはできない。この運動がよい運動であり、真理にかなった運動であり、必ず成功する運動であり、また成功させなければならない運動である、こういうような考えが参加する人に生まれてこなければ、この運動はなかなか達成することができないと思います。

（『松下幸之助発言集』第43巻）

お医者さんたちと話をしていると、〝エビデンス〟という言葉がしばしば飛び交う。〝エビデンス〟を辞書で引くと、「証拠」とある。要するに、「確かな証拠」がない限りは、認められないということのようだ。

「信じる」ことの効果を、「〝エビデンス〟を示していただきたい」と迫られると、言葉を返しようがなくて困ってしまう。

最近、あらゆる分野において、「目に見えないことは信じられない」といった傾向がないだろうか。とりわけ、映像技術が発達してきて、〝エビデンス〟としての映像が説得力を持つために、映像で示すことのできないものは、信じられないと言う人が多い。

かつて、伊勢神宮の月次祭に参加したことがある。深夜の祭事である。闇の中で、まつりごとが続く。おかしいと思ったのは、そこに参列している人たちが、競い合うように社殿の中を必死になってのぞこうとしていたことである。

まるで、大相撲の取組をもう一度、再生した映像で見る姿だ。神は、目に見えないものである。その神々のまつりは、神が目に見えないのだから、どんなに近づいても永遠に目にすることはできない。神の存在は、信じる世界であって、存

在の明確な証拠を〝エビデンス〟として示す世界ではない。残念ながら、そのように、〝エビデンス〟を示せない神を、多くの人たちは信じられなくなったのだ。「信じる」ことは、人に強い力を与えてくれる。例えば、「あの世が存在するかしないか」。もはやそれは科学の世界の話ではなく、信じるか信じないかの世界の話である。例えば、「来世はあるのか？　ないのか？」。「来世があるというのなら、〝エビデンス〟を示していただきたい」と言う人は、来世の存在など信じられないだろう。しかし、人が死ぬ時に、「来世はある」と思って死ぬ人と、「来世なんかあるものか」と思って死ぬ人と、どちらが安楽な気持ちになれるだろうか。やはり、「来世がある」と信じて死ねる人は、死んでしまえば後に何も残らないと思う人よりも、安楽に死地に赴くことができる気がする。

松下幸之助は、何事に取り組むにしても、利害や理屈だけで結びつく関係は弱いという。同じことを信じる者同士の結束は強いことを強調している。

私が松下電器に勤務していた時代、「松下電器はまるで宗教団体みたいだ」と言われて、「松下教」と揶揄《やゆ》された。それに対して松下幸之助は、「それは誤解だ」とは言わなかった。そして、ひるむどころか、「信じる者同士の集まりだと

いう点において、まことに結構なことではないか」と言ったことを記憶している。

薬一つを取ってみて、「この薬、本当に効くの？　飲めと言われたから飲んでいるものの、はたして本当に効果があるのだろうか」と疑い続けていたら、効く薬も効かなくなる気がする。それに対して、「この薬は実によく効きます。私にはこの薬は欠かせない」と信じていると、やはり効用がある。〝エビデンス〟ではない、信じるか信じないかの世界の話だ。それにしても、「信じる者は救われる」とは実に、的を射た表現だと、つくづく感心させられる。

Key Sentence

60

〝絶対確信〟を持って生きる力強さ

世の中は自分の思うとおりになるわけです。もちろん、自分の思うとおりになるとはいっても、間違ったことを考えて、それでそのとおりになるかというと、そんなバカなことはない。やはり、自分の思うことがだいたい正しいときに、そのとおりになるわけです。私はそう信じています。それで、安心して仕事をやっていける。世の中は、間違ったことがそのとおりになるというのだったら、もう私は商売をやめてしまう、ばからしいから。しかし、そうではなく、自分が正しければ、自分の思うとおりになるということを考えて、それで断固としてやっているわけです。だから、絶えず反省しなくてはならない。

（『松下幸之助発言集』第44巻）

八十年生きてきて、最近つくづく思うことは、「〝絶対確信〟は人を強く、たくましくする」ということである。腹の底に、〝絶対確信〟を据えることは、力強い生き方をする基本中の基本ではないだろうか。

〝絶対確信〟とは、真理に基づく生き方とも言える。人は、小手先のテクニックや表面的な現象にばかり目を奪われるのではなく、どんなに時代が変わろうと、どんな事態が起きようとも、決して揺るがぬ真理を極める努力の中から、〝絶対確信〟は生まれてくるのである。

このメッセージ制作の目的も、究極、〝絶対確信〟に至ることだと言い切ってもいいだろう。〝絶対確信〟に至る確固とした信念を持つことができれば、まさに、〝生き方の名人〟になれるのである。

松下幸之助は、〝絶対確信〟の裏づけとして、まず、「宇宙万物を生み出し、生かしている〝根源の力〟は、万物生成発展の法則（すべてを生かそうと働く）のもとに働いている」と確信していた。物事は、うまくやれば成功するのではない。もともと、目に見えない〝根源の力〟は、万物を生かそうと働いているのだから、それに素直に従えばうまくいくようになっているると、腹に据えていたのだ。

そしてもう一つ、この文章の中にも表現されているが、「世間は正しい」と信じ切っていたのだ。個々に見ればいろいろとおかしいことはたくさんあるけれども、長い目で見るならば、世間に通用するものは正しいという信念を持っていたのだ。

これらはすべて、理屈・理論の世界の話ではない。「信じるか信じないか」の世界だ。だから、どんなに頭に知識を詰め込んでいても、「信じるもの」がなければ、知識は何の役にも立たない。「うまくいくかどうか分からないけれども、イチかバチか、やってみよう」といった程度の決断になってしまう。それは、信念の問題ではなく、ばくちの問題だ。

新型コロナウイルスの感染が蔓延した時、人は初めての体験であり、未知との遭遇にうろたえた。かつて経験したことがないことは、受け入れられないのだ。

しかし、〝絶対確信〟に立つならば、これも実はチャンスなのである。今までがそうであったように、人は困難に遭遇した時、必ずそれと向かい合いながら新しい道をひらいてきたのである。過去の歴史の事実を見ていても、いかなる困難もまた、新しい飛躍のチャンスであることは間違いない事実である。

第五章

人間を成長させるもの

Key Sentence

61

素直な心はあなたを強く、正しく、聡明にする

常に心を素直にすること、素直な心はあなたを強く正しく聡明にします、ということです。みんな色眼鏡をもってものを見ますから、いろいろな問題がある。けれど素直な心で、何ごとでも真実を見ようという考えがあれば、すべてのものがそのまま見える。そうでありますから、自分の欲望とか何とかを入れて、ものにとらわれて見たらいかん。とらわれない心になって、素直な心になって見る。そうすれば紙の裏表も分かるのです。

（『松下幸之助発言集』第5巻）

新入社員の頃に、〝素直〟という言葉に出会った時、いささかの抵抗を感じた。経営者から〝素直になりなさい〟と言われると、〝私の言うことを黙って聞きなさい〟といった消極的な従順を求められている気がして、心を閉ざしたのだろう。しかし、それから既に六十年近く経ってみて、「〝素直〟は、人間の生き方の極意を表す重要な心構えである」と腹の底から分かり始めてきたのである。

松下幸之助も、若い時から、「素直」を意識していたかどうか、疑わしい。しかし、経営者として成長するに従い、考え方が、まことに〝素直〟になっていく。そして、〝素直〟になればなるほど、ものの見方が広く、大きく、本質的になっていくのである。

松下政経塾にやってきた松下幸之助と、向かい合わせになって、松下幸之助が昼食を摂《と》る間、よもやま話をしたことがある。今考えると、得難い機会、かけがえのない時間だった。昼食は、リンゴと乳酸飲料程度の簡単なもの。松下幸之助が、口にした飲料を少しこぼした。私は、すぐさまポケットからハンカチを取り出して、机の上を拭《ふ》いた。そんな光景も、今なお、はっきりと覚えている。

ふと松下幸之助が、「僕もな、ようやく〝素直〟の初段になったんや」と、突

然切り出した。思わず私は、「どういうことですか?」と聞いた。「僕はな〝素直〟になりたい、とらわれる心のないようにと、毎朝、自分に言い聞かせて三十年、願い続けてきたのや。君な、囲碁や将棋でも、一万回打つと、大体初段になれるそうや。僕は三百六十五日、毎朝〝素直〟になりたいと願い続けて三十年、回数にしたら一万回願ったから、初段や」

なるほどと私は感心しながら、「二段になるのにはまた三十年かかりますな」と言った。「そやな」と言うので、「そのうち死んでしまいますね」と言ったら、「〝素直〟の名人は、神さんや」と答えた。その見事な答えに、私は唖然《あぜん》とした。

神さんは、あれはいやや、これは嫌いやなどと好き嫌いを言わない。万物すべてをあるがままに受け入れてくれる。その受け入れる心を、〝素直〟と表現したわけだ。まさに、松下幸之助は、人の言葉に対してではなく、真理に対して〝素直〟であれと言いたかったのだと受け止めた。〝素直〟は、生き方の極意の言葉である。

それ以来、私もまた、〝素直〟の初段をめざそうと思った。即《すなわ》ち、毎朝、「どうぞ今日も一日、とらわれの心なく、神様に喜んでいただける生き方ができますよ

うに導いてください」と、祈り続けている。既成の宗教の神ではなく、心の内なる神である。十五年にはなるだろう。松下幸之助風に言えば、初段に至るまでは、まだ道半ばである。

しかし、物事を判断する時に、受け入れ難いことに出会っても、「神様に喜ばれるような対し方をしよう」と、わずかながらも考えられるようになってきた。事を為していくには、願い続けることだ。願い続けばかなう。願わない限り、何一つ実現しないのである。

松下幸之助の言葉に、「この世に存在するものに、無駄なものは一つもない」とある。キリストや釈迦《しゃか》の教えにも通じる。〝素直〟とは、すべてを受け入れる心と言えるのだ。人間は、いやな出来事に出くわしたり、いやな人に出会ったりしたら、「どうして私だけがこんな目に遭わなければならないのだ」、「一体、いつまでこんなことが続くのだ」と、人や環境、時代を恨み、うとんじ、遠ざけてきた。そしていつの間にか、惨めになる自分。すべてを、受け入れられる広く大きな心を持つことが、人生を幸せにしてくれるのである。

Key Sentence

62

すべての責任は
自分にあると考えられるか？

きみは課長として、課員によくない者がおったりすることで課の成績が上がらないということは、事実かもしれないが、それをきみが言うのは、責任を回避しているのだ。自分の課がうまくいかないというのはおれ一人の責任だということにならなければならない。社長またしかり、部長またしかりである。

（『松下幸之助発言集』第６巻）

物事を、他人事ととらえるか、自分事ととらえるか、その差は、天と地ほど大きい。私たちが本当に人から信頼されることを望むならば、「自分に関係することの責任はすべて自分にある」と考えられる人が、本当の大人であることを知らなければならない。そして、本当の大人には、弁解や言い訳がない。

私には、そのことを強烈に教えられた人がいる。今は亡き、作家の三浦綾子さんである。北海道の旭川市で小さな雑貨屋を営んでいた一主婦が、当時、朝日新聞社が募集した「一千万円の懸賞小説」に応募して、見事、その栄冠を勝ち取ったことで一躍有名になった。その時の作品の題名は、『氷点』。それ以来数々の作品を世に問われた。いずれも、逆境に耐えながら、愛に生きた人を題材としていて、読む者に生きる大きな勇気を与えていた。

私もそのうちの一人だった。ほとんどすべての作品を読むうちに、どうしても一度お会いしたいと思った。様々な手を尽くして、遂にお目にかかれる機会が巡ってきた。「五分ぐらいでよければ」の条件つきだった。しかし、大阪からはるばる旭川まで出かけた私は歓待していただき、三時間以上話し込んだ。それ以来、ご主人の三浦光世さん共々、何度もご自宅でお会いした。そして、生きることの

意味、愛について、様々な角度から指南いただいたのである。

私が松下電器を五十四歳で辞める時、多くの人たちから、「何かあったのか」と心配の声が寄せられた。あまりにも多くの人たちから尋ねられるので、「何もなかった」ことを手紙にして出そうと思った。その矢先である。

私が愛読している『致知』という雑誌に、三浦綾子さんの記事が載っていた。普段、親しくご指導いただいていたから、私は、飛びつくようにしてその記事を読んだ。その記事の途中にあった、たった一行の見出しは、その時の私にはまことに衝撃的だった。

「一流の人間は決して弁解しない」

途中退社をすることに対して、様々な心配をしてくれる人たちに、何を言ってもそれは弁解であり、言い訳でしかないのではないかと思った。そして、「俺もしょせんは、二流、三流の人間か」と、思い知らされた。

しかしその時、「そうか、いっさいの弁解、言い訳をしなければ、人間一流になれるのか」と心の底から思った。人生は、ただ一つでいい。これだけは絶対に守り通すのだと決めた〝生きる原理原則〟を貫けば、人間一流になれるのだと、

強烈に思い知らされたのである。私はそれ以来、いかなる時も、自らが関わることについては、いっさいの弁解、言い訳をしないと心に決めた。裏返せば、自分に関わることのすべては自己責任であると、腹を決めたのである。まだまだ道半ばではあるが……。

そのように決心すると、生き方が変わってくるのには驚いた。例えば、いつも遅刻をしていながら、無理やり「言い訳しない」という原理原則を守ろうとしても、人は誰も信用しない。第一、それでは精神衛生的にもよくない。「言い訳しない」ということは、「言い訳しなくてもいい生き方をしなさい」という意味である。遅刻しながら言い訳しないでおこうというのではなく、言い訳しなくていいように、時間よりも早く行くようにしようと努力することなのである。自己責任は、人間を精神的に強く、誇り高いものにしてくれる。

Key Sentence

63

そんなに報告書は必要なのか？

本社が地方の事業場から、報告書を取っておるんですな。それが二百四十種類あるんです。（中略）私は驚いたんですよ。なんでこんな報告書が要るんか。だれがこれを読むのか。つくる人もたいへんやし、読む人も読めるのか。あした会社がつぶれるというなら別だが。それに関係のないものは、全部やめてしまってくれと、こういう話をした。そうしたら四十二に減りました。そういうことを起案した人は大学卒業した人ばかりですわ、（笑）どっちかというと。つまり理論的にものを考える人ですね。

（『松下幸之助発言集』第6巻）

「簡にして要」。私の人生の中で、こんな褒め言葉をいただいた日のことは、忘れることができない。「まことに簡潔にして、要領を得ている」といった意味の言葉だ。

伝記作家の小島直記先生との出会いは、衝撃的だった。松下幸之助が高齢化するに従い、塾生たちに『志』を教えることが難しくなり、代わって教えていただける先生を探していた。ある人が、「作家の小島直記先生は、作品を読んでも分かりますが、まことに厳しい人で、『志』を教えるのにこれほど的確な人はおられません」と紹介された。

当時、静岡県の愛鷹《あしたか》山の中腹に住んでおられる小島先生を訪ねるために、私は、自らの思いを書いた企画書を準備した。人生で、一枚の企画書にこれだけ精魂を込めた記憶はあまりない。たった一枚の紙に、私のすべての思いを書き込んだ。しかも、相手に見やすくするために、大きな字で、一行飛ばしだ。削って削って、さらに削って、最も大切なことだけに絞り込むことにどれほどのエネルギーを使ったか。もちろん、文字は、思いの強さが表れるようにと、直筆にした。

そのたった一枚の紙が、小島先生の心を動かした。ほんの五分の説明の後、

「簡にして要。了解しました。お手伝いしましょう」と言っていただき、すぐにタクシーを呼ばれた。そして、三島駅の近くのウナギ屋で、すっかりご馳走《ちそう》になった。

もう一つ、私の思い出に残る企画書がある。まだ若い頃、松下電器の広報で社内報の編集をしていた時だ。正月号の社内報のトップ記事で、アメリカ松下電器の現地若手社員と社長の対談を企画することになった。その時、上司から「B4の紙一枚にすべての企画内容を書いて社長に提出すること」と命じられた。

たった一枚の企画書を作成するのに、一週間かかった。朝から晩まで、書いては消し、消しては書く。要するに〝一文をもって相手を納得させる〟挑戦だった。当時は、鉛筆と消しゴムを両手に持っての格闘だった。この時もまた、本当に大切なことは何かを求めに求めて、無駄な言葉を省くことに挑戦した。社長は一読、「よかろう」と言った。

二つの経験を通じて、私は、事務文書は〝簡にして要〟でなければならないと肝に銘じてきた。とりわけ、役員諸氏に決裁を得ようと文書を説明する時、複数枚ある書類はほとんど読まれていないことに気がついた。こちらが一枚目を説明

しているのに、相手の役員はぺらぺらと二枚目、三枚目をめくっている。要するに、聞いてはいても、読んでいないのだ。だから、すべての決裁書類は〝一枚で勝負〟と決めていた。

書類というものは、長いほど作りやすい。短いほど作りにくい。しかし、概して何枚かある資料は何がポイントか、何を言いたいかがぼやける。たった一枚にすべてのエネルギーをかけようとする努力は、自らの考え方を徹定的に整理し、明確にする。

最近は、パソコンで簡単にプリントアウトできる関係から、概して配布される資料の枚数が多過ぎる。手書きなら手間がかかり、枚数が多くなることに対して抵抗がある。それに対して、「印刷」のボタンを押すだけで何枚でも印刷できる昨今は、余分な資料が多過ぎる。

かつて松下幸之助は、「君たちの机の中の書類をすべて社長室のテーブルの上に置き、必要なものは、その都度、いつでも遠慮なく部屋に取りに来るように」と指示した。一月経っても、一度も取りに来ない書類の多さに、松下幸之助は驚いたそうだ。

Key Sentence
64

将来の器かどうかの見分け方

話してみると、なんとなしに分かるもんです。社内だけでなく、ぼくが見ていて、一小売屋さんでもいい成績をあげているところは、社長さんと話してみると、それを裏書きするようなことを言いますわな。〝ああ、なるほど。この人は偉いな〟と分かります。そんな人は、きょうのことを言うていません。〝きょうはこうやけど、あすはこう〟というようなことを言いますわな。この人は伸びていく人やな、この人がうちの営業部長やったら、うちはもっと発展するな、とすぐ分かります。

（『松下幸之助発言集』第19巻）

考えて見たら、「今日はこうやけど」を語る人はいっぱいいる。厳しい批判をする人、斜めにものを見る人など様々である。しかし、「だからこれからはこうすべきではないか」と語れる人はそんなに多くない。

端的な例は政治の世界だ。現実に起きたことに対して、舌鋒《ぜっぽう》鋭く相手に迫る場面は日常茶飯である。例えば、新型コロナウイルス感染拡大に対する対応策について、「遅い」、「手ぬるい」、「対応が悪い」などと鋭く攻め立てても、人はそれによって、「立派な政治家だ」と、評価しない。

またそんな人に限って、「それじゃ、君やってみてくれよ」と言われたら、それこそしどろもどろ、腰砕けになって、何もできないのだ。「明日のあるべき姿を語れる」ということは、ひとかどの人物の条件だろう。

そしてそれは、あらゆる動物の中で、人間しかできない〝偉大な能力〟なのだ。食べること、寝ること、相手にかみつくことなどは、犬も猫もサルもできる。しかし、犬や猫、サルは、〝明日を語ること〟ができないのである。将来のあるべき姿を思い描いて、それを実現することができるのは、人間だけに与えられた能力である。

その観点に立つならば、リーダーとは、「人の上に立つ人」ではなく、「然《しか》るべき方向を指し示す能力を持った人」とも言える。「こちらへ行こう。あちらにしよう」と方向を指し示すことは、〝明日を語れる〟ことでもある。

「今日はこうでも、明日はこう」とあるべき姿を思い描くことは、経営者や管理職だけの話ではない。それこそ、新入社員にも問われることだ。「言われたことを忠実にやっています」というのであれば、「お座り」といった命令のとおりに座っている犬も変わりない。人間である限りは、言われたとおりやるのではなく、同じ言われたことであっても、「もっとこんなやり方があるのではないか」、「ここを、このように工夫すればいいのではないか」と、自分の頭で考え、工夫できるはずだ。

私のサラリーマン生活で、一つ自慢できることがあるとすれば、新入社員時代から、上司に命じられて仕事をした記憶がないことだ。例えば、「このアメリカの事務所の話を次の社内新聞に掲載するので、記事を書いてくれんか」と命じられた。私は、思わず、「アメリカに行ってもいいのですか？」と聞いたら、「まさか、来た手紙を見て原稿を書けばいい」との答え。そこで私は食い下がった。

「現地に行かずに記事を書いても、いい記事は書けません。私をアメリカに出張させてください」と談判した。上司は言った。「バカ、俺も行ったことがないわ」。その時以来、私はずっと、いつかアメリカに取材に行ってやると考え続けた。実際に実現したのはかなりの時間が経ってからだが、それでも思いを果たすことができた。

「言われてやるな、気づいてやれ」。私の主宰する『青年塾』の塾生の合い言葉である。言われてやることは受け身だ。犬も猫もやれる。サルやイルカもやっている。自分の意志でなく、「言うことを聞いている」だけだ。そんな仕事の仕方をしている人が多い。人間である限り、どんな些細《ささい》な仕事でも、命じられた瞬間、「同じやるにしても、こんなやりかたの方がいいのではないか」と考えることができるはずだ。そう考え始めた瞬間、〝奴隷の仕事〟から、〝ご主人様の仕事〟に昇格する。松下幸之助は、そのような人を、「見込みのある人や」と評価していたのだ。人間の人間たる一番の特性は、〝創造的〟であることだ。〝創造的思考〟の人は伸びると太鼓判を押してもいい。

Key Sentence

65

三回繰り返してダメを押せ

一回承諾を得たら、もうそれでいいと思ったらいけない。そんな浅薄なことではいけない。承諾があっても、仕事を進める過程において三回くり返してダメを押し、確認しなければ、いい仕事はできないと思うのであります。

一方で即決、即行を尊ぶという心意気は常にもっていなければならない。しかし、それを進めるにあたっては、いかに慎重でなければならないか、この相矛盾したことが同時に横溢《おういつ》して行われるということが巧みであるというところに、初めて物事の成功があるのであります。そうでなければ大きな仕事はできないと思うのであります。

（『松下幸之助発言集』第24巻）

私は松下政経塾の二代目の塾頭である。先任の初代塾頭からの引き継ぎの時、「松下幸之助塾長に決裁をもらう時、一度もらっただけで安心していてはいけない。少なくとも、七回は確認したほうがいい」と引き継ぎを受けた。

最初は、なんと面倒なことかと思った。しかし、実際に松下幸之助に決裁をもらう時に、教えられたことの意味がよく分かった。

初めての決裁の時には、相手の頭の中は、こちらが説明していることについてはまったくの白紙だ。だから、最初の決裁で、「まあいいだろう。やってみなさい」と言われると、こちらは鬼の首を取ったかのように、後は実現に向けて突進するだけだった。「塾長の決裁、お墨付きをもらってあるから大丈夫」と。

ところが、ある時、「君、この間の件やけどな、あれからいろいろ考えたんや」と言う。私が決裁をもらった後から、「いろいろ考え始め」ているのだ。要するに、決裁をしたけれども頭に入っていなかったのだ。当然だろう、突然持ち込まれた件について、目の前で、イエスかノーか決めろと迫られたら、「まあやってみたら」としか言いようがない。

最初は、「まあ、やってみたら」、二回目は、「やってみたら」と少しずつ変化

していくのは、徐々に相手の頭の中に入りつつある過程だ。そして最後に、「この間の件やけどな、いろいろ考えたが、なかなかええな。やってみる値打ちある」と言われた時が、本当の決裁だと気づいた。要するに、決裁とは単なる手続きではなく、上長の納得をいかに得て、協力してもらえる了解を取ることをいうのだと得心した。

もちろん、何回も痛い目に遭っている。最初に決裁をもらったので、勇んで走り始めていた。ある時に、塾長に呼ばれた。「君、この間の件やけどな、あれからいろいろ考えたんやが、やっぱりやめとこ」。目の前が何回真っ暗になったことか。「やっぱりやめとこ」と言われた後は、もう手の施しようがない。そういう痛い目に遭いつつ、「決裁をもらうためには、七回は確認しろ」という先代の塾頭のアドバイスは、考えてみたら、まことにありがたいものであった。いわば、組織の中で上手に仕事をしていく貴重なノウハウ、口には表せない〝奥義〟とも言えよう。

かつて、松下電器のある事業部門で、創設三十五周年の記念行事を実施する計画を立てて、松下幸之助のお墨付きをもらった。大切な節目の行事である。事業

部門挙げて、全国の代理店さんに記念式典とパーティーの案内状を出し、お招きするお客様の切符の手配もすべて済ませた。あとは開催の本番を待つだけになった時、責任者が本社に呼ばれた。松下幸之助は、「あの三十五周年記念行事な、やめとこ」の一言。「えっ、ご参加の方々には既に切符も送っています」と責任者は食い下がった。しかし、「僕からお得意先に謝る」の一言でおしまい。

あとで分かったことは、松下幸之助が全国の代理店に片っ端から連絡を取って、近況を聞いたところ、その部門では品不足でお得意先に大変迷惑をかけていることが分かった。記念式典を開くより、商品を間に合わせることが先決だというわけである。

Key Sentence

66

こんな情けないことはない

まあお互いに仕事をして、「肝胆相照らす」という言葉がありますが、打てば響くというようなあいだであれば、会長から、しかも今、戦線に立って仕事をしている会長から電報が来たのだから、ともかく返事を出さないといかんということは、私は考えてもらえると思っていたのです。そうしたら、たった一軒しか来ない。百数十軒の販売会社のうち、たった一軒です。私は非常に情けなく思ったのであります。〝非常に退廃しているんだな、経営意識に燃えていないんだな〟という感じがいたしました。

（『松下幸之助発言集』第27巻）

『松下幸之助発言集』全四十五巻を通じて、松下幸之助が感情をあらわにして、激しく怒っている様子が伝わるくだりは、この時が一番だろう。腹立たしいことであっても、非常に気を使って、人を傷つけないように配慮する松下幸之助にしては珍しく、怒りの言葉をぶつけている。よほど、腹に据えかねたのであろう。

ちなみに、この時の怒りの様子を表す言葉は、多岐《たき》にわたっている。「非常に情けない」「非常に退廃している」「非常に遺憾の意にかられた」「寒気がした」「経営意識に燃えていない人たちばかりだな」と続く。さらには、担当の責任者である営業本部長を捕まえて、「君は、気にならないのか。君がその実態に驚かないことがおかしい。君が疑問に思わないことが信じられない」などと、内部に向かっても怒りをぶちまけている。そばにいなくてよかったと思うほどの激しい怒りだ。

松下幸之助は、〝打てば響く〟ことを、常に強く求める人だ。

自分がやる気満々で出した電報に、〝打てば響く〟ように応えれば、おのずと機運が高まる。逆に、やる気満々で出した電報に返事が来ないと、はたして受け取ってくれたのか、読んでくれたのかと心配になる。まして何日待っても返事が

来ないと、気持ちがだんだんといらだつのは、誰しも経験あるところだ。

「なぜ返事をしなかったのか？」と迫られた時、どう答えるか？　たいていの人は、瞬間、驚くとともに戸惑うのだ。「あの松下幸之助から直接、自分にあてて電報が来た。どんなふうに返事をしたらいいのだろうか」と頭を悩ますうちに、時間が過ぎていく。そして返事のタイミングを外してしまうことが多い。そして、「今さら返事を出すのもおかしいし」などと考えているうちに、相手の怒りを買ってしまう。

まずは、「電報いただきました」と、その事実だけでも伝えておくと、相手は大変に安心する。そして、しかるべき思いをきちんと伝えるような内容の文章は、しばらく考えてから、改めて出せばいい。

私は、『青年塾』の若い塾生諸君に、分かりやすくそのことを教えるのに、ラブレターの話をする。ラブレターを出したら、翌日から必ず、欠かさず郵便受けを確認するはずだ。〝打てば響く〟ように返信が来れば、お互いの気持ちはぐっと近づくのである。出したらあとは知らない、返事が来たかどうかも関心がないといった一方通行では、お互いの気持ちが接近することはない。第一、相手から

返事が来たかどうかに無関心なようでは、たいして熱心でないということだ。また、いつまで経っても相手から返事が来ないと、「相手はあまり乗り気じゃないのだ」と判断してしまうだろう。

どんなことでも、〝打てば響く〟対応を心掛ければ、縁と運が広がる。

Key Sentence
67

無学の私が皆さんの支持を得られる理由

私のような無学の者が、今日皆さんの支持を得て社会で多少ともこの仕事ができるのは、いま申しましたその人以上に早くから小僧生活をしまして、お得意先の無理とはどういうものであるか、小売業者の状態はどんなものであるか、店番のつらさはどんなものであるか、まあ商売人と申しますか、小売店の辛酸というものをすっかり身につけてまいったからかと思います。忘れんとしても忘れることができない幼年時にそういうことをやったことが、私の今日ある一つの原因だと考えてみますと、大学を卒業した立派な人にも、ぜひその体験を味わってもらう方法を講じたいと、実は感じておるのであります。

（『松下幸之助発言集』第30巻）

私が松下電器に入社したのは、五十七年前の昭和四十年だ。東京オリンピックの終わった反動もあって大変な不況だった。私たち新入社員は、採用されたものの、配属の引き取り手がない。そこで、例年なら一か月ほどの販売店研修と工場研修をそれぞれ半年ずつ経験することになった。前代未聞のことである。

まず、販売店研修である。私は、大阪市福島区にある渡辺電機商会が実習先だった。販売店研修の間は、家から直接、電器店さんに出勤し、仕事が終わったらそのまま自宅に帰る生活だ。仕事中は、会社からあてがわれた作業服である。右腕には、「実習生」と書いた腕章をつけていた記憶がある。

「電器店の一店員になったつもりで働け」。それが、研修の目的だ。朝は店頭の掃除から始まる。商品の一つひとつを取り上げて磨いていく。店内を掃除し終わったら、電器店の店員の仕事を助手として手伝う。配達や工事などに付き添い、命じられるままに動く。天井裏にも入る。屋根に上がってテレビのアンテナを取り付ける。集金に回る。簡単な電気工事は一人でやらされる。若い店員からしたら、大学出の松下電器の新入社員を思うように使えるのだから、大いに張り切る。

こういう時、私は、大阪市内有数の下町で育ってきたこともあり、すぐに打ち

解けられる。販売実習でお店になじめず、何かとトラブルのあった新入社員仲間もいたことと比べると、私は、「このまま電器屋の店員になってもいいな」と思うほど溶け込んだ。

店のご主人にも重宝された。「一度、カラーテレビの販売に挑戦してみないか」と声を掛けていただいた。お店の上得意の家に、カラーテレビを貸し出して、その延長線上でお買い上げいただく趣向だ。もともとお店の上得意であり、まだカラーテレビが出始めて珍しかった頃である。何と二十台近くの販売実績が上がった。業界の新聞に紹介されたこともあり、新入社員の合同研修で事例発表したこともあった。

正直、「会社は面白い」と、その時、実感した。夜は九時、十時、時には十二時まで働いたのは、仕事が面白かったからだ。大阪を代表する歓楽街にある高級クラブの照明の取り換えは、お客さんの帰った後、夜中の仕事だった。学生時代、居酒屋しか行ったことのなかった私は、その店の豪華なたたずまいに感動して、新入社員の合同研修の終わったあと、仲間を誘って、その店に繰り出した。ところが、目の玉が飛び出るほどの値段である。思わず電器店のご主人に電話をして、

「お金がありません。助けてください」とお願いしたこともあった。

単身、電器店で実習しているから、奔放だ。いつの間にか、電器店の若い社員たちと仲間のような気安さで付き合うようになっていた。鉄パイプを手にして、仕事先の現場で喧嘩《けんか》したこともある。

「一人でやれます」と信用金庫の天井に取り付けられた蛍光灯の交換に行った時は、天井が高過ぎて、うまくいかない。「いったいいつまでかかるのか」と信用金庫の人に叱られた。その直後、壁に立てかけておいた蛍光灯が倒れて、爆発した。店員、客共に大騒ぎ。私は真っ青。そんな経験のすべてが、後の私の会社生活の原点になった。ちなみに、私は結婚の時、電器店のご主人に仲人を頼んだ。

Key Sentence
68

不適切な上司の下で働くほど成長する

うまく自分を導き育ててくれるというような指導者がおれば、それは皆さんの苦労も少なくなるが、しかしそうでない場合には、悲観するか、希望を失うか。それでは何にもならない。むしろ私は、そういう適切な指導者をもたない場所においてみずから考案をしてやっていくというところにこそ、ほんとうの陶治《とうや》ができる、ほんとうの修練ができると思うのであります。

（『松下幸之助発言集』第32巻）

上司との折り合い、あるいは得意先との折り合いが悪いと、仕事をするのが非常につらい。そのために、「会社に行きたくない」と思うことさえあるだろう。

私は、電子レンジの販売課長として、まったく営業経験のないままに、関東地区の販売責任を負わされた。部下にはバカにされ、上司には、「我慢にも限界がある」と言われ、さらには、「新聞記者にものを売ることは無理だろう」とまで言われた。社内報の編集者が、販売の仕事をすることなど無理だと言われたのだ。「もっと売ってよ」と、上司である営業部長から強い調子で言われる。私だって、「もっと売りたい」。しかし、どんなふうにすれば売れるかが分からない。泣きたいほど情けなく、惨《みじ》めな気持ちの中に落ち込んだ。当時の営業部長の机は、私の机の隣にあった。それだけでも、会社に行くのがいやでいやでたまらなかった。

また、得意先を回るものの、相手の責任者と雑談さえできない。「いいお天気ですね」と言ったあとの言葉が続かない。部下がその場を取り繕って、様々な話題に花を咲かせている分、私の気分は、さらに沈んだものである。

その時、私を救った言葉はただ一つ、「分からないことは聞くことである」。「本当に知らないね」と言われながら、部下に上司に、得意先に教えを求めたの

である。そして不思議なことに教えを求めると、相手との間に、心の通い合いが生まれるのだ。

私が電子レンジの販売課長の職を離れてから松下政経塾に変わって、既に四十年近く経つ。それでもなお、今、まるで長年の友達のように付き合っているのは、当時、とにかく苦手で、顔を見るのさえはばかられた得意先の営業部長たちだ。

相手の懐に飛び込むことによって、相手もまた、私に対して「面倒見てやらないかん」「あんなに熱心に取り組んでいるのだから、少しは助けてやらないかん」と思っていてくれたのだ。つくづくと、「お付き合いに手こずった人ほど、将来の友」になることを、最近、実感として感じる。

逃げてはいけないのだ。分からない事実は、逆立ちしても、分からない。だとすれば、「教えてください」と相手の懐に飛び込む勇気を持つことである。懐に飛び込まれると、相手の人もまた、親身にならざるを得なくなるのだ。多くは、苦手の人を敬遠するから、お互いの心の間に、よそよそしさが抜け切らないのである。もっとも、飛び込むほどでもない人とは、適当な距離を保ち続けてきたことも事実である。

私も多くの上司のもとで働いた。一つだけ自分なりに守り続けてきたことは、「自らの節操を曲げないこと」である。卑屈になってしまうと、ますます、いやな奴に堕してしまう。どんな時でも、正しいと思うことを貫く勇気があれば、相手に対して、「教えていただきたい」と頭を下げることができる。そして頭を下げる勇気と度胸を持てば、必ず相手の態度もまた、変化し始める。逆に言えば、とっつきやすく愛想のいい人ほど、付き合いやすいものの、得るところは少ない。

Key Sentence

69

難しいことより平凡なことが大事

世の中で偉くなるとか偉くならんとか、相当の仕事をするとかしないとかということは、その人の頭がいいとか賢いとかいうことも、それは大いにありましょうけれども、それ以上に大きな力となるものは、そういう些細《ささい》なことをおろそかにしない心がけである。

むずかしいことができても、平凡なことができないということではいけない。むずかしいことより平凡なことのほうが大事である。それを積み重ねていって、そして基礎をつくって、その基礎の上に立って、さらに長年の経験をその人の知恵才覚によって生かしていくというかたちが、危なげのないことやと思うんですね。

（『松下幸之助発言集』第32巻）

「平凡の中に真理がある」との教えを受けたのは、〝掃除の神様〟とも言われる鍵山秀三郎さん。私の人生において、松下幸之助と並んで最も影響を受けた一人である。

そもそもは、松下政経塾が創設の頃、塾長の松下幸之助が、「政治家になるためには、政治学の勉強ももちろん大事や。しかしもっと大事な勉強は、毎朝、とにかく早く起きて、身の回りの掃除をしっかりとすることや」と言った。「知識や技術の勉強だけが勉強ではない。それらはしょせん、人生の道具にしかすぎない。その道具を使う本人自身を、人間として立派にする勉強をしなければならない。そのためには、まず掃除や」というわけだ。これが、昨今の受験エリートにはまったく理解不可能な言葉であった。「掃除のような雑用をしていたら、肝心の勉強の時間がなくなる。掃除なんか、外注の業者に委託してください」と猛反発した。私は、その間に入って、大いに苦労をした。なぜならば、教えるべき私が、掃除の意味を分かっていなかったからだ。

悩める私を導いていただいたのが、鍵山秀三郎さんだった。当時は、株式会社イエローハットの前身である株式会社ローヤルの創業者であり社長だった。「掃

除一筋で、この会社をここまで育ててきた」との一言も衝撃的だった。経営とは、もっと高度で専門的理論に裏づけられたものであるべきと思い込んでいた私は、掃除一筋で、経営など、どうしてできるのかと思っていたからだ。

今なら、こう言える。「人は掃除をしっかりすれば、心が整い、きれいになる。整った、きれいな心で仕事をすれば、仕事がうまくいくのは当然だ。頭に知識や技術を詰め込むことも大切であるが、心が整い、美しくなければ、いい仕事ができるはずがない」と。

理屈ではない、しっかりと身を入れて掃除をすれば、心までピカピカになるのだ。鍵山さんは、「見えない心は磨けないから、見えるものをしっかり磨けばいい。目に見えるものを磨いていると、見えない心が光る」と言い、当たり前を励むことを教えた。

私は、『青年塾』で、「当たり前を励め。一つを励めば、やがて、すべてが変わる」と教え、当たり前の徹底した実践を求めている。例えば、「颯爽《さっそう》と歩く」。元気のいい会社の社員は、歩き方も颯爽としている。「ラジオ体操」も同じだ。はつらつとした会社は、社員のラジオ体操もはつらつとしている。社内の整理整頓《せいとん》

が行き届いている会社は、仕事の段取りも手際よい。何もかもしようと思うと、すべてが中途半端に終わる。当たり前のことを一つだけでいい。徹底して励んでいるうちに、それができるようになると他のことも自然にできるようになるのだ。なぜならば、一つを励むことによって、心が変わっていくからだ。心が変われば、すべてが変わる。

〝意識〟を変えるためには、〝行動〟を変えることである。朝、十分だけ早く起きようと心に決めたとする。他のことは置いておくとして、とにかくどんなことがあっても、いつもより十分早く起きようと心に決めてやり抜いた時、人は何とも言えないすがすがしさと、心新たな気分、達成感を感じることができる。〝行動〟を変えることによって、〝意識〟に変化が表れるのだ。意識が変われば、仕事の仕方、生活の仕方が変わっていく。

Key Sentence

70

「こうなったら腐れ縁や」と度胸を据える

皆さんは松下電器に入っていますが、皆さんは別に松下に入らねばならんという義務も何もない。このごろ人が足りないからいくらでもいい会社から来てくれというて頼みに学校へ来ていると思うんです。うちも頼みに行ったことは行ったんですよ。頼みに行ったけれども、皆さんもそれに応じたわけですね。〝しょうがない、こうなったらもうくされ縁やと思ってあきらめるかな〟(笑)そういう度胸が私は必要だと思うんです、実際いうと。〝ええ、しょうがない、くされ縁だ。こうなったらしゃあない〟と、つまり観念をするのです。

(『松下幸之助発言集』第32巻)

松下政経塾時代、選挙に出馬する塾生たちが私に相談を持ちかけてくる代表的なものの一つは、「選挙に出るのに、どこから出ればいいでしょうか?」ということだ。

今、宮城県知事をしている村井嘉浩《よしひろ》氏は、松下政経塾の第十三期生だった。もともと大阪府の出身であり、小学校から高等学校までは大阪で学んでいる。その後、防衛大学で学び、そのまま自衛隊に入った。陸上自衛隊でヘリコプターの操縦などをした後、採用の活動などもしていた。当時の勤務地は、宮城県仙台市。

村井氏は、幼なじみが多い大阪府から選挙に出るほうがいいか、それとも仕事の関係で知る人が多い宮城県で選挙に出るほうがいいか、悩み、様々な人たちに相談を持ちかけていた。そして私にも、相談を持ちかけてきた。

私は、「そういう時に、どちらが有利か、どちらから出るほうが当選しやすいかと考えるようでは、大した政治家にはなれないよ。少なくとも、選挙に出る限りは、有利か不利かではなく、どちらに命を懸けるかの問題ではないか」と、助言した。村井氏は、それで吹っ切れたのか、「宮城県に命を懸けます」と答えて、宮城県の県議会議員選挙に立候補した。腹を決め、腰を据えたのである。そして

その後、宮城県知事として、圧倒的な県民の支持を得て、今も東日本大震災後の宮城県の復興と繁栄に大いに貢献している。

松下幸之助の教えるとおり、とかく頭のいい人ほど、〝損得計算〟をする。どちらが得か損か。しかし、その限りにおいては、本当の成功は勝ち取れない。状況は様々に変化する。一人の人間の損得計算程度は、たかが知れている。条件が揃《そろ》うからいいのではなく、決断するから条件が揃っていくのだ。

新型コロナウイルス感染拡大に伴い、私は、それまでの日常生活を完全に奪われた。ひと月のうちの半分以上は、日本中、時には海外も含めて東奔西走していた。外出規制、自粛に伴い、まるで手足を奪われたかのように、在宅生活を余儀なくされた。最初の数日は戸惑いもあった。一日も早く、元の状態に戻ることを考えれば考えるほど、今日の現実から逃れたくなる。うっとうしく、つらい日々であった。

そこで、私は、腹をくくった。どうにもならないことを嘆いていても何も生まれない。「こういう時でなければできないことをしよう」と腹をくくったのだ。そして、自分でも驚くような発見があった。「腹をくくれば力が湧いてくる」こ

とだ。

「こういう時でなければ絶対にできないこと」と考えて思いついたのが、この『松下幸之助発言集』全四十五巻（第四十五巻は索引）を読破することだった。発言集の一冊一冊は、ケースに入っていて重たい。持ち歩くには不便だ。家の机の上なら、何冊も積んでおける。読み始めると、ますます、力が入る。一日一冊読むとして、四十四日はかかる。読むだけではなく、私の様々な体験を交えて解説の文章を書こうと心に決めたのは、時間的な余裕がたっぷりあるからだ。

どんな逆境にあっても、「腹をくくれば力が湧く」と、学び取った成果はまことに大きい。

Key Sentence

71

昔のことが思い出されて、つい涙

（代理店の）皆さんが私どもの考えに共鳴して、ファンとなって、そして今日まで支持してくださった。そういう方々が、その間《かん》いろいろ事情があったとしても、今日不況を訴え困難を訴えておられる。それを、「あんたの経営が悪いんだ。立派にやっている人もあるんだから、あんたの経営が下手なんだ」と言い切れるかどうか。そういうときに、そういう人たちが、自分のやったことに共鳴して、今日まで支持してくれたんだということを考えると、なんだか昔のことが思い出されて、ぼくはつい涙が出たわけですよ、ほんとうにね。

（『松下幸之助発言集』第33巻）

松下幸之助発言集全四十五巻の中には、いくつかの〝山場〟がある。それはそのまま、松下幸之助の人生の山場、あるいは経営の山場と言える。

その一つは、間違いなく昭和三十九年に熱海で開催された全国販売会社社長懇談会だ。社内では、〝熱海会談〟として名が通っていた。ちなみに、私が入社したのは、その翌年である。

当時、世の中は不況にあえいでいた。そんな中で、ナショナル製品の販売を扱う全国の販売会社の大半もまた苦境に陥っていた。

熱海のニューフジヤホテルで開催された会議の間、松下幸之助は、「こんな不況期にも、少ないとはいえ、ちゃんと利益を確保している販売会社もある。そのことを思えば赤字に苦しむ販売会社は、経営のあり方をしっかりと見直すべきである」と迫った。

販売会社にも、それ相応の理屈がある。「我々の経営が悪化している原因は、松下電器にもある」と厳しく迫り、販売会社と松下幸之助の間で、激しいやり取りがあった。

お互いの意見の溝が埋まらないままに、予定の日程が過ぎた。しかし、このま

ま散会にするわけにはいかない。もう一日、会議は延長されることになった。その時のホテルの苦労も大変だった。既に次の予約が入っている。それらのお客様一組一組に、他の宿に振り替えてもらった苦労話も聞いたことがある。

松下幸之助は、最終日、「二日間、いろいろ申し上げてきました。しかし、創業の頃から親身になって育てていただいた皆さんのことを思うと、皆さんが悪いなどと失礼なことは申せません。松下電器が悪うございました。すべての原因は、私共にあります」と涙ながらに謝ったのだ。社史に残る、劇的な瞬間だ。

私は、テープでそのくだりを聞いたことがある。突然、松下幸之助が声を詰まらせ、涙声になるのだ。声の記録ではあるが、私にも忘れがたいシーンだった。

松下幸之助が、「すべては私どもが悪うございました」と言って涙を流した瞬間、前の日まであれほど対立的だった販売会社さんが、壇上の松下幸之助に駆け寄り、「私たちも悪かった」と涙ながらに伝えた。

「すべて、原因は自分にある」と思った時、あれほどとげとげしく、険悪だった雰囲気が劇的に変わったことは、松下幸之助の生涯の中でも、忘れがたい思い出ではなかっただろうか。

物事が硬直した時、「あなたが悪い」と相手を責めている限り、事態は悪くなるばかりだ。これは裁判ではない。事態を解決するには、どちらが悪いかという議論ではなく、心から「私が悪うございました」と自ら頭を下げることが、解決の道をひらくことを、松下幸之助は熱海会談の時に、身に染みて感じたと、私は思っている。

実社会で起きる争いごとの大半は、円満に解決し、さらには前向きに進むきっかけとしなければならない。その時に、「すべては、私が悪うございました」と頭を下げる姿勢は、私にも、大いに学びとなった。

Key Sentence

72

講義を聞いただけで水に飛び込んだら溺れる

ぼくにしても、皆さんにしても、大切なのは私心のない心やと分かった。分かったけれども、すぐに私心をなくすわけにはいかない。それはつまり、水泳の講義を聞いただけにすぎん。〝ああ、手をこういうようにしたらこうなるんやな〟ということは分かったけれども、それだけ聞いてすぐズボンと水に入ったら死んでしまう。それは訓練と修行がないからや。

（『松下幸之助発言集』第43巻）

私が主宰する『青年塾』で、塾生たちに口やかましく教えていることの一つは、「知っているだけの人ではダメだ。できる人になれ」と。

生きていく上で大切な、たいていのことを、みんな知っている。遅刻してはいけない。挨拶をしなければならない。嘘《うそ》をついてはいけない。借りた金は返さなければならない。早起きは三文の徳、などなど。知っていても、できなければ、知っている意味がない。それどころか、「知っていながらそれをやらない」ことは、信用を損なう。

「分かったらやる」。

この短い言葉の中に、人生をよりよく生きる重要な示唆が込められている。ほとんどの人は、「知らなかったから、やらない」のでなく、「知っていながら、なんとなくやらない」。「知っていながらやらない」ほうが、はるかに罪深い。まだ、「知らなかったので、やってしまった」ほうが救われる。

松下幸之助は、「分かったらやる」ことを、修行だと言う。その修行ができていないと、「分かっていながらやらない人になってしまう」。『青年塾』では、その修行を、まさに研修として取り組んでいる。

例えば、『青年塾』の研修の中では、トイレ掃除を必ず行う。それが、修行だ。汚れている便器を、徹底して美しく磨き上げる。便器を磨くだけなら、専門の業者さんに任せた方がいいだろう。私たちは、便器をきれいにすることが目的ではない。人のお役に立てる人間になるために、便器を磨いているのである。人が敬遠するような仕事に率先して取り組むことは、自らの人間性を高める、大切な〝修行〟だ。

「人のお役に立てる人間になる」。『青年塾』で学ぶ目的だ。それを本当に身につけるために、トイレ掃除以外にも、様々な修行に研修として取り組んでいる。

今、日本の学校では、〝働き方改革〟という大義名分のもと、学校内の掃除は、外注業者に委託することになっていると聞く。掃除は、大切な修行ではなく、雑務として位置づけられているのである。

まさに、今の学校教育は、頭の中に知識を蓄えることにはまことに熱心ではあるが、人間性を高めるための修行には、極めて冷淡、無関心なのだ。だから、頭はいいが人間性に問題がある人たちが、大手を振って歩く世の中になってしまっている。

「分かったらやる」。それだけのことで、私たちは自らの人間性を高めることができる。普段の生活の中で、修行は十分にできる。例えば、「呼ばれたら返事をする」。たったそれだけのことでも、必ずやると決めて実行することが、修行であり、訓練である。

Key Sentence

73

常任の教授が一人もいません

この塾では、常任の教授というものはおきません。原則は、塾生がみずから問い、みずから答える、そして自分を磨いていくということです。自問自答であり、自修自得であって、それによって立派な人間に育っていってもらうということです。

（『松下幸之助発言集』第44巻）

『松下幸之助発言集』の最後である第四十四巻（第四十五巻は索引）は、読み進むのに大変時間がかかる。なぜならば、松下政経塾での松下幸之助の発言が全収録されているからだ。そのため、この機会に時間をかけて、一字一句に至るまで、吟味に吟味を重ねて読み進めてみた。

松下政経塾が開塾されたのは、昭和五十五年四月。私が松下政経塾に出向になったのが、昭和五十六年十月。その間の講話を除けば、私は、第四十四巻に掲載されている話にはすべて立ち会っていたことになる。

松下政経塾の職員として勤務していた当時、海外から来たお客さんから、決まって、「ところで塾の教授陣にはどのような分野の、どのような先生方がおられますか？」と質問された。私が、「常任の先生は一人もいません」と言うと、相手は決まって、きょとんとする。と同時に、私が冗談を言っているのではないかと思うようだ。

先生がいなくて、どうして指導するのだ。先生がいないと、生徒たちは学びようがないではないかと、けげんな顔をするのである。

学校と言えば、先生がいて、生徒がいて、初めて成り立つものだというのが、

えなかったのだ。

世界的常識だ。そのために、「常任の先生は一人もいない」ことを理解してもら

「常任の先生を置かない」という方針は、松下政経塾の学び方の最大の特徴の一つであり、松下幸之助の強い思い入れの表れであった。

松下幸之助は、こんなたとえ話をした。昔、剣豪と言われた宮本武蔵や荒木又右衛門には師匠がいなかった。剣の道を極めようとして、自ら、考えに考え、苦しみに苦しみながら、〝剣の道の真髄〟を自分でつかんでいったのである。「自ら問いを発し、自ら答えを見つける学び方」をして、名人と言われる域に達したのである。「先生に手取り足取り教えてもらっていたのでは、上手にはなれても名人にはなれない。名人は、自分でなるものだ」。「人に教えてもらっているうちは、できる範囲は知れていますわ」といった言葉が、今もなお、私の耳に残っている。

最近は、新しいことを学ぼうと思うと、すぐに学校へ行く。そして、できる限り具体的な方法まで教えてくれる道を好んで選ぶ。これでは名人は生まれない。

野球選手でも、本当に一流と言われる選手は、自分で苦悩し苦闘して、打撃なり投球のコツをつかんでいく。そもそも、「誰か具体的に教えてくれないかな」

と思っているうちは、たいした選手にはなれないということだ。

松下幸之助に、「あなたの人生で、経営を教えてくれた先生は誰ですか?」と聞いたら、「そんなもんおらんな」と言うだろう。その代わり、「ありとあらゆるものを師匠として学んできた」と答えるのではないだろうか。

「これ、どうしたらいいのですか?」と聞く人がいたとしよう。「そんなもの知らない。自分で考えてください」というのが、本当の教え方である。『青年塾』は、それを基本としている。しかし、それが今の世の中、なかなか通用しない。「具体的な方法まで教えてもらわないことには、やりようがない」と文句を言うのが落ちである。

「本当にどうしたらよいかと自分で真剣に考えていたら、目の前を横切った犬が振るしっぽを見て、〝あっ、そうか〟とひらめくことがある。そうすれば、目の前を横切った犬のしっぽが先生になる」とも教えていた。〝自修自得〟する心構えを持てば、〝万事研修〟が、松下幸之助の人づくりの基本中の基本だ。

Key Sentence

74

加藤清正は二十七歳で熊本城主に

（松下政経塾での）五年間で、すべての点にわたって見識を養っていくわけです。たとえば、かりに、卒塾してすぐに文部大臣なら文部大臣をやれと言われても、それをやれるというくらいの見識を養わなくてはいけないと思います。そして、それくらいのことは十分にできるはずです。

一つの例をあげますと、これは昔の話になりますが、加藤清正という人がいます。有名な熊本城を建てた人です。私は先年熊本に行って、あのお城を見てきました。さすがに天下の名城といわれるだけあって、いかにも華麗なものです。その加藤清正はわずか二十七歳で熊本の領主になっているのです。そして、城をつくった。

（『松下幸之助発言集』第44巻）

「時代が違いますよ、加藤清正の時代と今とでは」と考えるようでは、〝落第〟の烙印《らくいん》を押されてしまうだろう。

私はいつも、『青年塾』の塾生諸君に言う。「君が、今、仮に二十歳代としよう。これをはしごに例えるならば、下から二段目ぐらいにいることになる。私は八十歳代だから、下から八段目にいる。

下から二段目にいる頃は、仮にはしごから落ちたとしても〝アイタタタ〟ですむだろう。しかし、私がはしごから落ちたとしよう。八段目の高いところにいるから、落ちて打ちどころが悪いと命取りになってしまう。これを人生に例えるとしよう。二十代は、失敗しても、〝アイタタタ〟ですむ。ということは、思い切った挑戦ができるということでもあるのだ。私の年代の者は、失敗すると命取りになるから、大きな挑戦をしてはいけないとも受け取れる。

二十歳代の君たちと、八十歳代の私を比べたら、たいていのことは私のほうが勝っているだろう。財産(?)、人生経験、人脈、海外渡航経験などなど、まず私にはかなわないだろう。しかし、そのことを裏返すと、君たちは失うものがほとんどないということだ。人生の持ち時間が多く、失うものが少ないということ

は、〝挑戦〟の最高の条件である。

私がどうしても君たちにかなわないもの、逆立ちしようがどうしようが、どうしても君たちにかなわないことは何か。それは、〝挑戦〟の可能性の差である。若い人たちには人生の持ち時間がたっぷりある。命を除いて失うものはほとんどない。その君たちが、〝大胆な挑戦〟をしなければ、ただ息をしているだけの、何の魅力もない存在になってしまうと、私は若い人たちにはっぱをかける。

豊かな時代になればなるほど、挑戦的な生き方をしやすいはずが、なぜか人間は、安楽な生活の中に安住してしまう傾向がある。「このままでいいのではないか」と。しかし、現状に満足する若い人ほど、魅力のない存在はない。

企業でも、若い社員たちが燃えに燃えて、挑戦的に生きている会社は、どんどん伸びる。一方、どんなに名門と言われる企業でも、若い社員が、〝小市民的安楽〟に浸っている会社は、将来性がない。

食べることに何の不自由もないこの時代、果敢に挑戦する心意気を失ってしまったら、生きている意味がない。加藤清正が、二十七歳で熊本の領主になったのなら、「俺も負けておれない」と力こぶを入れるような若者よ、出でよ。

長寿化が進むつれ、人生をのんびり生きようとする傾向があるように思う。しかし、二十代の十年と、三十代の十年、四十代の十年は、同じ十年でも、持つ意味合いがまったく異なる。二十代に挑戦的に生きなかった人は、三十代に挑戦的に生きることはできない。四十代になると、守らなければならないものがもっと多くなり過ぎる。

Key Sentence

75

諸君は、塾生であるとともに、塾長だ

（工場実習を前にした学生に対して）工場に行ったら、工場長にきいたらいい。「私はきょうから実習に来ました。一応の心得を聞かせてください」と言って工場長に頼んだらいい。あるいは、班長がいれば、班長にきいたらいいわけです。そして、自分でやってみる。それが独学というものです。私から聞いて、〝塾長がこう言ったからそのとおりにしなくてはいかん〟と、そんなことではダメですよ。自分でやったらいい。選考の面接のときに、「諸君は塾生であると同時に、この塾を運営していく塾長である。そういう心がまえでやってほしい」ということを言ったでしょう。

（『松下幸之助発言集』第44巻）

何でもないやり取りに思えるが、実は、日本の組織のあらゆるところで日常的に繰り返されている光景をほうふつとさせる。大げさに言えば、〝指示待ち人間〟がはびこる現代日本人の問題点が、鮮やかに浮かび出ているやり取りとも言える。

このやり取りを見る限り、松下幸之助は明らかに不機嫌になっている。この時、「私に聞くのは野暮ですな」と言っているが、それは、若い塾生に対して精いっぱい、遠慮した言い方であろう。松下の社員なら、「自分で考えろ」と一喝されるところだ。

このやり取りでも、仮に「明日から工場実習が始まります。私は初めての経験ではありますが、ぜひこの機会に生産現場の生きた実態を体験しながら学びたいと思っています。またできれば、現場で働く人たちとの交わりを通じて、生産の仕事をする人たちの気持ちを知りたいと思います。他に何かご指導いただくことはございませんか?」と塾生が質問すれば、松下幸之助も機嫌よく答えたはずである。

私が主宰する『青年塾』に、一つの〝禁句〟がある。この言葉は、絶対に、塾

長である私が答えないと決めている聞き方だ。それは、「塾長、どうしましょうか?」である。私は、「知りません」と言い、あとは「自分で考えてください」としか言わない。『青年塾』では、いかなる場合も、指示待ちを許さない。まず、「私はこのように考えますが」と、自分の考えを述べた上で、相手の指示を仰ぐことを徹底的に教え込んでいる。事あるごとに、「自分の頭で考える」のは当たり前のはずだ。しかし、自分で考えたことには、自己責任が伴う。その責任を負うことが、つらいために、自然に〝指示待ち人間〟になるのだ。

言われてやることは、すべて責任を、「言った人に転嫁できる」。「社長に言われたとおりやったのですがね」とか、「上司の指示どおりにやったのですがね」といった言い訳は、裏返すと、責任回避の最も日常的なやり方だ。

人を育てる基本は、「自分の頭で考えさせること」である。どんな時でも、どんなことでも、「私はこう考えます」と、徹底して自らの責任で考え抜く訓練が、人を育ててくれる。しかし、日本の教育を見ていると、学校でも会社でも、「言ったとおりやらせる」ことが、教育のようにとらえられている。

もちろん、ものによっては、言われたことをきちんとやり遂げる訓練も必要だ

ろう。しかし、基本的には、「自分の頭で考えて、自分の力でやり遂げる自主自立の精神。そして自らの決断に対しては、自ら責任を持つ自己責任の精神」が、生きていく上で最も大切であり、重要なのだ。

松下幸之助は、〝独学〟を強調する。自ら学び取る姿勢だ。本人は、九歳の時から働き始めているから、常に、「自ら考え、自ら学び、自ら実践し、自ら反省する」ことを徹底して心がけてきたのである。それと比べて、大学まで出て二十五歳にもなって、「塾長、何を学べばいいか教えてください」といった愚かな質問をする塾生には、大いに失望したはずだ。私たちの周りで日常的に繰り広げられる光景ではないか。

第六章

未来のために何ができるか

Key Sentence

76

国を愛することは自分を愛すること

人間は、だれでも自分を愛さない者はないわけです。それと同じように、自分がかわいければ自分の住む町がやはりかわいい、さらに進んでは自分の住む国がかわいい、ということに通じる考え方がなければいけません。

（『松下幸之助発言集』第14巻）

私が主宰する『青年塾』で、塾生諸君に繰り返し教えていることの一つは、「周りを幸せにしようと努力すれば、結果として自分も幸せになれる。だから、常に、人を幸せにしようと努力することは、余分な努力ではなく、自らもまた幸せになれる唯一の道である」。

新型コロナウイルスにかこつけて言うならば、「みんなが感染しないように努力すれば、自分も感染しない」というのと同じだ。最近の世相は逆で「みんなが感染しても、自分だけは感染したくない」といった傾向がある。それもまた、一つの真理を言い当てているが、みんながそんなふうに考え始めると、社会は、ぎすぎす、疑心暗鬼、誹謗《ひぼう》中傷が渦巻く世界になる。「自分が感染したくないように、他の人たちもまた、感染したくないはずだ」と、他人を思いやる心がなければ、社会はやがて行き詰まっていく気がする。

〝あなた〟という人間を因数分解してみよう。夫婦のうちの夫であり妻である、何々家の家族の一員である、ある会社の社員である、東京都民である、日本人である、地球市民である、現代人である。まだまだいろいろあるだろう。

その一つひとつの役割を通じて、その組織を愛していけばどうなるだろうか。

「いい人と結婚したな、いい家族だな、いい会社だな、いい町に住んでいるな、いい国に生まれたな、いい時代に生まれたな」と思うことができたら、「私は、いい人生を送っているな」と思えるはずだ。

逆はどうだろうか。「いやな人と一緒になったな、いやな家族だな、いやな会社だな、いやな町に住んでいるな、いやな国に生まれたな、いやな時代に生まれたな」と思ったとしたら、「それにしても私の人生は素晴らしいものだった」とはならない。やはり、「私の人生は暗かった。最低だった」となる。

自分の人生をよりよくするためには、自分の属している組織を愛し、よくする努力しかない。結婚相手を愛し、家族を愛し、会社を愛し、地域を愛し、日本を愛し、地球を愛する努力は、私を愛し、私を幸せにする唯一の道であるとも言える。

日本をよくする道は、日本人一人ひとりが、「この国はいい国だ」と思うと共に、「もっともっと素晴らしい国にして、百年、二百年後の子孫につないでいこう」と考えた時、ひらけていく。最近の世相は逆の傾向にある。誹謗中傷、責任回避など、目に余るものがある。

そして、会社もまた、そこで働く社員の一人ひとりが、「いい会社に入ったな」、「もっともっといい会社にして、後輩たちにバトンタッチしてあげよう」と考えることが、自分自身の会社生活を豊かにし、自らを幸せにしていく道なのだ。だから、私は若い人たちにいつも言う。「会社をもっとよくしようと努力すること」は、「自分自身をもっとよくする」唯一の道であると。

中には、「みんながよくしようと努力していないのに、私だけ努力するのは損だ」と言う人がいる。そんな時、私は、〝暗夜の一灯〟を教える。真っ暗な部屋に一本の蝋燭《ろうそく》があればどれほどみんなが救われるか。「誰もやらないのであれば、せめて私ぐらいは会社をよくする努力をしよう」と考えられる人は、〝暗夜の一灯〟〝世の救い〟だ。「あなたがいてくれてよかった。本当に救われた」と言われるとしたら、こんな誇らしい生き方はないと、私は確信している。「私の職場に、あなたがいてくれて本当に救われた。助かった」と言われるような生き方は、すべての人たちがめざせる誇り高い道である。

Key Sentence

77

僕が強くなった訳

ぼくも初めは分からなんだけど、途中で単に働くいうだけではいかん。何かそこに使命というものがあるんじゃないかということに気づいて、それから非常に強くなったですよ。

それまでやったら自分のためにやってきたが、しかし、世間のためにやる。大きくいうと、社会のためにやる、というふうになると、強うなりますわな。

（『松下幸之助発言集』第15巻）

松下幸之助が、事業を始めた最初から、「私は社会的な使命を体して仕事をしてきました」と言ったとすれば、私は、「そんなこと、私には無理だ」と決め込んだだろう。そして、「もともと、人間の出来が違う」と距離を置いた気がする。

しかし、まことに正直に、「単に働くだけではいかんと気づいた」と述懐している。私はそこが気に入った。松下幸之助と言えども、最初は、「単に働くだけだった」のかと安心したのである。言葉を換えれば、働いていくうちに、〝意識が進化〟していったのだ。

私がサラリーマンとして働き始めた時、大勢の先輩諸氏を見ながら、張り切って仕事をしている人、何となく元気がない人、人から褒められることの多い人、逆に人から叱られることの多い人は、どこが違うのだろうかと思い、観察し続けていた。

右も左も、何も分からない新入社員の時は、それは能力の差かとか、学歴の差かといった程度にしか思っていなかった。その私の疑問に明確に答えてくれたのが、今回取り上げた松下幸之助の言葉である。「そこに使命があると気づくと、非常に強くなった」のくだりが、私自身の一つの目覚めとなった。私たちが働く

時、どういう時に〝強く〟なれるのか。それは高度な技術や知識を身につけた時よりも、「何のために働くのか」という使命に目覚めた時なのだ。即ち、自分のしている仕事の社会的な意義が分かった時、〝強く〟なれるのだ。

私は、新入社員時代から十二年間、社内報編集の仕事をした。一般の新聞と同じスタイルで発行部数は十万部。ちょっとした地方紙並みの規模だった。その新聞が、社員になかなか読まれないことが、編集部の悩みだった。配布した日の夕刻、最寄りの駅のごみ箱にたくさん捨てられているといった悲しい報告もあった。

どうすればいいか。編集会議では、「もっと活字を減らしたら」「漫画を使ったら」「若者向きの記事を増やしたら」などと、様々な意見が出た。その時、新入社員だった私は、「社内報が読まれないのは、そういう技術的な問題ではなく、そもそも、経営の核心に迫る大切な記事が掲載されていないからではないでしょうか」と発言した。そして、改めて社史をひも解いたら、何と昭和九年から、既に社内新聞を発行している。その目的は、「社員に経営の動きを的確に伝えて、経営に参加する意識を高めるため」とある。ちなみに松下幸之助は、会社を設立した当初、社員数が十人に満たない時から、売り上げや利益をはじめ、経営の大

切な内容をすべて社員に伝えていたのである。

日本の企業の社内報は、大半、戦後、アメリカの企業を真似《まね》て発行されるようになった。それは主として従業員の親睦が目的で、社員の趣味や結婚などの記事が満載されていた。私たちの社内報とは、果たすべき使命が違っていたのだ。

そうか、私が担当する仕事は、「会社の方針を周知徹底して、経営課題は何か、社員はどんな心構えで仕事に臨むべきかを適宜・適切に伝えて、全員経営の実を上げることだ」と、まさに使命に気づいたのである。それが、私を強くした。当時、全社の経営課題であった〝生産性倍増〟については、役員を担ぎ、全社の大キャンペーンを展開した。また、山下俊彦氏が社長に就任した時には、「社内に新風を巻き起こすために、〝社長の職場訪問シリーズ〟を展開したい」と提案して、実現したこともある。

それまでの社内報の常識を破る様々な挑戦をした。物議をかもして発行停止になったことも多かった。しかし、実にやりがいのある仕事だった。「使命感に目覚めると、強くなる」のだ。

Key Sentence

78

社員が興奮の〝るつぼ〟になった日

必要なものを供給して、みんなの生活を豊かにするという尊い使命があるのだ、と考えました。これを自分だけでもっていてもいかんから、昭和七年五月五日、全員を集めてそのことを話したんです。きょうからは、松下電器は貧乏を征服し、物心満ち満ちた世の中にするという使命を感じて仕事をやっていくのだ、とね。この使命を知った日が、松下電器の真の創業記念日ですわ。この話をぼくが一時間ほどしたら、もう興奮のるつぼで、えらい熱を上げるんですな。きょうからは、使命を知ったから命知元年だというわけで、社員の空気もぐっと変わって、経営がしやすくなりました。

（『松下幸之助発言集』第16巻）

松下電器には二つの創業記念日がある。一つは、大正七年、松下幸之助が奥さんと奥さんの弟で、後に三洋電機を創業した井植歳男さんとの三人で町工場としてスタートした時である。そしてもう一つは、それから十四年後の昭和七年五月五日、「事業の本当の使命を知った」という〝命知元年〟である。

私はいつも、〝意識の進化〟に注目する。成功する人には必ず、どこかで、〝意識の進化〟の時が訪れるのだ。松下幸之助は、町工場としてそこそこの成功をしながらも、ずっと悩んでいたのである。人並み以上に真面目《まじめ》に仕事をしているものの、何か物足りない。そこそこに成功したものの、心に満たされないものがある。世に言う、スランプに陥って、悶々《もんもん》とした日々を過ごしていた。

その悶々とした気持ちがあったからこそ、ある宗教団体の本部に出かけた時、その様子に激しい衝撃を受けたのだ。そこで奉仕作業をしている信者さんたちは、給料をもらっていない、それどころか交通費も自腹である。にもかかわらず、給料をもらっているうちの社員よりも生き生きと働いている。「なぜだ」、「どうしてだ」と思ったのである。なまじ学問があれば、「これは宗教であって、経営とは違う」と訳知りになる。松下幸之助は学校に行かなかったために、頭で考える

のではなく、素直にその違いに驚いたのである。

その後のくだりは、松下幸之助の自叙伝の中でも私が一番気に入っている場面だ。

同行した人が、「あなたもこの教団に入ったら、あのようになれる」と入信を勧められた。しかし、その気になれなかったので一人で帰途についた。そして、帰りの電車の中で、「なぜか」と考え始めた。ずっと考えているうちに、〝突然、稲妻の如《ごと》く走るものがあった〟。ひらめいたのである。私は、人間、生きている限りは、人生に一度か二度、〝稲妻の如くひらめく瞬間〟を持ちたいものだと思ってきた。

あの宗教団体の人たちは、崇高な使命のもとに働いていると思っている。それに対して、うちの社員にはそんな使命を示してこなかった。ただ熱心に働くこと、真面目に働くことを求めるだけであった。しからば、私たちの仕事には崇高な使命はないのかと考えたのである。そして、「我々には、豊富に安くていい商品を世に送り出して地球上から貧困をなくすという偉大な使命があるではないか」とひらめいたのである。

そして社員に訴えた。「私たちの事業の本当の使命を知った」と。その時、二百五十年計画を高らかに打ち出した。中小企業の経営者が、突然、「二百五十年かけ、地球上から貧困をなくすのだ」と。社員はびっくりした。一人ひとりが壇上に立って決意を話した。

松下政経塾の副塾長だった丹羽《にわ》正治さん（松下電工の社長、会長を歴任）は、私に、「その時、僕は新入社員だった。みんなが競い合うように壇上に立って決意表明するので、私も壇上に立ったけれども言葉が浮かんでこない。ただ、ウーウーと叫ぶだけだった。しかし、異様に興奮したね。忘れられない瞬間だった。みんな二百五十年生きられる気がしてきた」と教えてくれた。

Key Sentence

79

敗戦した翌日の高らかな宣言

経済界においては今後大変動が起こるであろう。多数の失業者も簇出《そうしゅつ》するであろう。これらに対していかにして勤労を与えるか、幹部たる諸君には特に考えていただかねばならぬ。わが社に関するかぎり、今後絶対に懸念することは要らないのであって、仕事がなくなっても人を会社から放さず、積極的に仕事を見いだして、むしろ仕事を与えていきたいと思う。いかなる困難に立つとも最善の努力を尽くすつもりである。われわれの過去の歴史から思い合わせて、必ずなし遂げられると確信する。ゆえに松下に関するかぎり心配はまったくないのであって、安心して業務にあたってもらいたい。

（『松下幸之助発言集』第22巻）

在宅の日々が続く中、「こういう時にしかできないことをしよう」と考え、『松下幸之助発言集』全四十五巻読破の目標を立てた。それにしても、三十年近く前に、大枚をはたいて全集を手元に揃えておいたのは、今となれば、〝先見の明〟かと自画自賛。一日に一巻読むことを基本のペースとして、ちょうど半分の二十二巻。マラソンで言えば、折り返し地点に差し掛かった時である。

突然、衝撃的な文章が待ち構えていた。全身に稲妻のような感動の衝撃が走った。全四十五巻の中に埋もれていた〝宝物〟を見つけた喜びに包まれ、それ以来、気持ちが高ぶり、いささか興奮気味である。

その文章は、日本が戦争に負けた八月十五日の翌日のものだ。日本中が廃墟《はいきょ》を前にして茫然《ぼうぜん》とたたずみ、何も手に付かないような状態にあった時、松下幸之助は、高らかにこれからの日本のあり方、そして松下電器の果たすべき役割をうたっているのだ。

多くの日本人が着の身着のまま、今日食べるものにも事欠いていた時、「日本人精神に立ち返り、将来の繁栄をめざそう」と訴える〝志の高さ〟に、目が覚める思いをした。

一方、「社員を一人も放さない」との明言も、社員の心をしっかりとつかんだことだろう。当時は失業者、そして浮浪者が街にあふれ、「食べることに精いっぱい」だった。仕事がないからと言って、社員の首を切るのではない、むしろ仕事を見つけていくから心配するなと宣言する力強さ。戦後の松下電器が驚異的に発展する出発点を見た気がした。

それから四か月後に行われた、昭和二十一年度の経営方針発表会では、「我が社は、混乱の中からいち早く立ち上がり、復興一路に邁進してきた。他のどの業者よりもいちばん自覚をもってきたことは、今日の業態を見て明らかであり、生産復旧はまず我が松下より始まると信じてはばからない」と、さらに力強くなっている。

そしてその時、「歓喜に満ちて経営を進めよう」と、社員を鼓舞していた。〝貧すれば鈍する〟の例えのとおり、とかく、困ったことが起きると、考え方が小さく、いじけたものになりがちだ。

松下幸之助は、逆だった。どん底から立ち上がるのには、高らかな精神が何よりも必要だと教えられ、私も力が湧いてきた。

時あたかも、新型コロナウイルス感染拡大で、人類全体が苦境に立っている。こういう時こそ、〝高らかな精神・心〟がまず人を最も勇気づけることを学び取りたい。

Key Sentence

80

松下幸之助の歴史的な瞬間

実業人の使命というものは貧乏の克服である。社会全体を貧より救ってこれを富ましめるにある。商売や生産は、その商店や製作所を繁栄せしめるにあらずして、その働き、活動によって社会を富ましめるところにその目的がある。社会が富み栄えていく原動力として、その商店、その製作所の働き、活動を必要とするのである。その意味においてのみ、その商店なりその製作所が盛大になり繁栄していくことが許されるのである。商店なり製作所の繁栄ということは、どこまでも第二義的である。

(『松下幸之助発言集』第31巻)

あの世に行った時、松下幸之助に会ったら確認したいことがある。

「尋常小学校中退の学歴でありながら、たった三人で創業した会社を、世界的な企業にまで大きくするばかりか、〝経営の神様〟と呼ばれるほど、多くの人たちに尊敬の念をもって評される存在になった最大の理由は何だとお考えですか？」

と。

その時、「君はどう思う？」と聞かれたら、こう答えるつもりだ。

「昭和七年五月五日、〝事業の本当の使命を遂に感知した〟と言って、創業記念日を〝命知元年〟と決め、社員に宣言された、あの瞬間が、後の発展の源となったすべてではなかったかと思います。お釈迦《しゃか》さんが悟りをひらいたように、松下幸之助が事業の使命について悟りをひらかれたから、後の発展があったのだと思います」。

松下幸之助発言集を読み進んで、第三十一巻目は、毎年の創業記念日における訓話が収蔵されている。中でも昭和七年五月五日、「この日をもって、真の使命を知った元年とする」と宣言した時が、松下幸之助のその後の成功の原点、出発点であると思う。

松下電器の創業は、大正七年。奥さんと、奥さんの弟で後に三洋電機を創業する井植歳男さんの三人で、細々と事業を始める。創業以来、みんな真面目に、そして一所懸命に働いた。そのかいあって、会社は順調に成長する。そのことを松下幸之助は、「従来のよき習慣に準拠してきただけの経営にすぎなかった」と反省する。

普通の経営者なら、懐具合にも余裕ができたこの辺りで、羽振りがよくなり、遊びに走りたくなる。高級車を乗り回し、ゴルフ三昧《ざんまい》、夜な夜な飲み歩き、海外旅行にも興じて、自らの楽しみと贅沢《ぜいたく》に走る。

松下幸之助は、違った。「我々には、生産人として、実業人として、課せられた使命があるのではないか」と真剣に考え込むのだ。そして、ある宗教団体の本部に案内されて、その信者さんたちのあまりも熱心で真剣な勤労奉仕ぶりに、目を見張り、考え込む。「どうして、あの人たちはこれほど生き生きと働けるのか」と。「あなたも信者になればいい」との誘いを断って、さらに考え続けるのだ。そして、突然、自らの使命について、ひらめく。

そのヒラメキが始まりだったのだ。その時のヒラメキがなければ、今日の松下

電器はなかっただろう。人は自らの使命にひらめくものがあって、はじめて躍進する。

「あなたが働く使命は何ですか?」との生きる原点が定まらないと、命は燃えてこない。

Key Sentence
81

三十五年間、周年行事をしてこなかった理由

きょうこの門を入りかけたら、〝松下電器三十五周年記念式場〟と書いてあります。しかも、上から下へ大きな垂れ幕が下がっております。私は驚いたのでありますが、われわれはきょう、工場内でこの式典をあげたかったのですが、不幸にしてその場所がない。したがって、この場所を貸していただきまして、ここでささやかにわれら自身の喜びを語りあおうということだったのです。しかるに、街頭に面したところに麗々しくあの式典の看板を掲げている。私は何ごとだと思うたのであります。これはマイナスでございます。

（『松下幸之助発言集』第31巻）

松下政経塾が間もなく設立十年目を迎えようとした時、私は、当時の上司であった久門泰氏（初代の塾頭であり、当時は常務理事）に、「今までいろいろな方々にお世話になった御礼と、これから羽ばたく塾出身者の激励も兼ね、創立十周年記念の行事を開催したい」と提案した。

久門氏は、即座に、「止《や》めとこ」と答えを出した。そしてさらに、「かつて、『十年やそこらではしゃいでいるようなことではどうにもならんな』と、同じようなことを提案して反対されたことがあるのや」。塾長の方針だと言われたので、私は口をつぐんだ。内心は、「ようやくここまでこれたのも多くの方々のおかげだ。それらの人たちをファンとしてつなぎとめていくためにも、十周年記念行事の企画はいいと思うのだがな」と思いながら、それ以上は何も言わずに、「分かりました」と引き下がった。

そしてそれから三十年経った松下政経塾創設四十年目のことである。その節目で、『松下幸之助発言集』の第三十一巻に、ズバリ、三十年以上前の私の疑問に答えてくれたくだりがあった。

「会社を設立して、今日まで、相当長い期間が経過したのであります。その間、

いまだかつて、〝何周年記念式〟というものをやったことがないのです」とある。松下電器は、創業三十五周年まで、一度も、周年記念行事を開催していないのである。それは忘れていたのではなく、一つの思いがあって、延ばし延ばししてきた結果である。

「五周年を迎えた時、めでたいことだから、お祝いしようではないかとなった。しかし、はたして十周年を迎えられるであろうかと考えると、心もとないので止めた。十周年の時にも同じようなことを考えて、止めた。十五周年の時には、ようやく会社の基礎固めもできたから、もういいだろうと思った矢先、満州事変。そして大東亜戦争へと続いて、周年行事どころではなくなった。戦後、三十年目を迎えた時、ここらでやってよかろうと思ったものの、会社の内情はきわめて暗たんとしていて、それどころではなかった。結局、三十五周年で初めて、お祝いした。それも二年遅れて」。周年行事一つとっても、経営者の判断は実に奥が深いことを思い知らされた。

発言集第三十一巻の中に、それに関連して、興味深い事実を見付けた。三十五周年行事の日、松下幸之助は、外部に設けた記念式典の会場に向かう。そこには、

道路に面して、「松下電器三十五周年記念式場」の大きな垂れ幕があった。松下幸之助には、あくまでも内輪の行事にもかかわらず、「それが麗々しく」と感じられたようだ。「あれはマイナスです」と厳しく叱るのだ。

その理由は、「お得意先に対する遠慮というものがなければならない」。「創業三十五周年」を迎えたことは、あくまでも内輪の喜び事である。外に向かって仰々しく宣伝して回るようなことではないと教えたのだ。そこが、上司への気遣いを判断基準としがちなサラリーマンと、社会的評価を判断基準とする創業経営者の大きな違いだ。

Key Sentence

82

人間は、神さんの製造元みたいなものや

私は人間というものは神だと思うんです。そんなことないやろう、人間は人間、神さんは神さんやと言うかもしれないけれども、神さんを認識したのはだれかというと人間ですわな。馬が、神さんのあることを発表して、われわれに知らせたのやないです。（笑）

人間みずからが神の存在を認識したわけですね。ほんとうはあるかないか分からない。しかし自分で認識した神にひざまずいて、その教えを請うている。そして、みずからをさらに高めようとしている。

（『松下幸之助発言集』第33巻）

二十年ほど前、バングラデシュでスタディーツアーを継続して実施したことがある。同国が、世界で最も貧しい国と言われていた時代のことである。平和ボケしたと言われる日本人に、〝貧困〟を経験してもらうことが目的だった。そのため、例えば、孤児院の寮に、現地の子供たちと一緒に泊まったこともある。

子供たちは、日本の若い人たちに大変関心があった。深夜まで、様々なことを質問するのだ。その中で、宗教について根掘り葉掘り聞かれた。バングラデシュの人たちは、子供も含めて、熱心なイスラム教の信者である。日本の若い人たちは決まって、「私は無宗教」と答える。それがバングラデシュの子供たちにはどうしても理解できないのである。神を信じずして、どうして生きられるのかとあきれられる。信じる神さんがいないということは、人間として最低ではないかといった突っ込み方だ。

戦後、「宗教と政治の話はタブー」と言われるほど、日本人は宗教に対して疎《うと》くなった。目に見えない神を自らの心の中に持たない、まことに浅薄な考え方しかできない国民になったようだ。〝神を畏《おそ》れることは、目に見えない神という偉大な存在を自らの心の中に思い描いて、その神の教えに従う〟崇高な人間の姿な

のである。

松下幸之助風に言えば、〃神の製造元〃としての製造者責任を怠っているとも言えよう。目に見えるものばかりを信じて、目に見えない存在を信じられないのは、人間としては〃俗物〃のそしりを免れない。

私は、自らの行動を律するために、いつも、「天は見ている」という言葉を心の奥に据えている。「誰も見ていないけれども、天が見ている」。「その天はどこにあるのですか？」と聞かれれば、「私の心の中です」と答える。その神は、私が製造元だ。昨今、人の目を基準に行動する人が多い。「みんな見ているぞ、やめておけ。誰も見ていないぞ、やってしまえ」といった判断である。人の目はごまかせる。時々、誰も見ていないはずが、誰かが見ていてばれる。あとは、陳謝、陳謝の記者会見となる。

「誰も見ていなくても、やってはいけないことは絶対にやらない。誰にも評価されないけれども、やるべきことは絶対にやる。すべては天がお見通し」。人間は、自分を超える偉大な存在を自らの中に思い描き、自らを律する偉大な力を持つのである。

松下幸之助は、毎日、手を合わせて、「とらわれのない素直な心を持ちたい」と、祈り続けた。一心に手を合わせる先には、根源の社があった。伊勢の神宮の八分の一の大きさの社である。その中には、自らが書いた〝根源〟の木札があった。〝根源〟は、松下幸之助が自らを律するために製造した〝神〟とも言える。

人間は、自らを超える偉大な存在に対して頭を下げることができる、本来、偉大な力を備えているのである。

Key Sentence
83

感謝と義務を忘れた人は厄介至極

諸君が立派な知識をもっていても、立派な知識をもっているというそのことに対して誇りをもつだけではいけない。その誇りの裏に、その誇りを得たということに対する感謝というものをもたないといかん。そうやないと傲慢《ごうまん》な人間になってしまう、不遜《ふそん》な人間になってしまう。傲慢や不遜や個人主義の人間になったならば、世の中というものは、ゴチンゴチンになってしまう。不信と不信が角つきあわすという状態になって、非常に物価が上がってくる、能率は下がってくるということになると思うんです。

（『松下幸之助発言集』第33巻）

大学を出た人に感謝を求めたら、「親のおかげ」、「先生方のおかげ」とまでは、たいていの人は答えることだろう。

松下幸之助の感謝の範囲は、そんな私たちの思いをはるかに超えている。この大学の施設を作ってくれたのは誰か？　授業料以上にかかる、様々な大学の運営の費用を誰がまかなってくれているのか？　大半は、税金である。言葉を換えれば、大学で学ぶための大半の費用は、国民に出してもらっているのだ。だから、「大衆の力で大学ができているとすれば、こうして学ぶことができたのも、一般大衆、国民の皆さんのおかげではないか」と考えたのだ。松下幸之助が言う〝感謝〟の幅は、それほど広く、大きい。

私も、長い人生、いろいろな人たちと出会ってきたけれども、そこまでの広い範囲で感謝の心を持つ人には出会ったことがない。「国民の皆さんのおかげで、こうして大学で学ぶことができた。だから、自分一人のお金儲けや立身出世に目の色を変えているのではいかにも申し訳ない」と考える人になれと、松下幸之助は教えたのである。

かつて松下幸之助は、大学を出てきた人を雇う時、企業は、国に〝教育費〟を

支払うべきではないかと言った。確かに親も教育費を出した。しかしそれよりもはるかに多額の教育費を国が出している。国民のお金で育てた人を、一つの私企業の利益のために使うのは筋違いだというわけだ。どこの会社の社員も、「天下のお金で育てた天下の人」である。だから、「天下のために働く責任がある」のだ。まして、「天下の人を粗末に、荒っぽく使う私的乱用は許されない」と考えていた。

　私の知人が教えてくれた言葉、「父親が、口を酸っぱくして、私に教えてくれたのは、〝人間は感謝した分、幸せになれる〟ことでした」。幸せ感が薄い人は、感謝の心のない人だというわけだ。まさに、感謝は、よき人生をひらくキーワードである。もし仕事がうまくいかないとしたら、「部下に対する感謝、上司に対する感謝、同僚に対する感謝、会社に対する感謝、お客様に対する感謝、家族に対する感謝、働けることに対する感謝などが足りないのではないか」と反省すればいい。感謝が足りないと、愚痴ばかりが口を衝《つ》いて出てくる。

　感謝の心は、本当のことが分からないと出てこない。だから、感謝できるということは、言葉を換えれば、「本当のことが分かってきた」ことでもある。両親

がいたから生まれた程度にしか考えられない人は、感謝の心も親止まりだ。しかし、考えてみたら、親だけではない。祖父も祖母も、さらにその先祖とさかのぼったら、「命の初めから誰一人欠けても私は生まれなかった。過去のすべての命に感謝しなければならない」となる。

朝起きて、食事ができ、今日も一日頑張ろうと思えるのも、妻のおかげと思っていたが、空気、太陽、水など、あらゆるものが用意されて生きている。あらゆる存在のおかげだと分かれば、万物に感謝だ。

どこまで感謝できるかは、どこまで幸せになれるかに直結する。

よき人生を送るキーワードの一つは、感謝の二文字だ。

Key Sentence

84

八十八歳でもこんなことが考えられる

現在はもう政治が行きづまっている。あっちでもこっちでも戦争している。これを安定させて、世界の人々のほんとうの幸福のためにはどうしたらいいかということを十分に考えてやっていく。そういう仕事がＰＨＰのほんとうの仕事であるということを考えてもらって、さらにいっそうの研鑽《けんさん》努力をお願いしたいと思います。

それについては、ぼくがやっぱり、何というてもしっかりやらねばならんから、しっかりやりますけどな。けれども、ちょうどぼくは今年米寿や。八十八や。そやからあかんと言うんやないですよ、（笑）だからいいと。米寿でもこういうことが考えられるのやから。

（『松下幸之助発言集』第42巻）

私は、今、八十歳である。米寿まで、あと八年ある。しかし、八十八歳の老人とは思えない志、そして心意気はどうだ。驚くとともに、自らの人生の今後のあり方について、大変に刺激を受ける。

私の師匠であった伝記作家の小島直記先生は、「志の第一条件は、人生のテーマである。何のために生きるかというテーマがはっきりとしていたら、老いて老いず、老いて朽ちず、老いてますます意気盛ん」と教えられたとおりの姿を見る。人間ともすれば、姿かたち、あるいは決められた常識の中に、自らの可能性を閉じ込めてしまっているケースが圧倒的に多い。

例えば、サラリーマンは、会社の定年に合わせて、意識まで定年を迎えてしまう人が多い。定年の時までを人生の本番のように受け止めて、定年を迎えると、人生まで終わってしまったように思う人が多いのではないだろうか。その証拠に、〝余生〟、人生の余った時間を生きるといった意識がまかり通っているではないか。松下幸之助の心意気を知るにつけ、私は、大いに勇気が湧いてくる。米寿までの年月、ますます、志高く頑張らなければならないと思う。

この松下幸之助の話は、昭和五十六年の一月六日、ＰＨＰの始業式に当たり、

職員に向かって話したものである。内輪の人たちが対象だけに、掛け値のない本音だろう。「米寿でもこれだけのことが考えられるのだから、若い君たちはもっともっと可能性がある」と発破をかけているのだ。

私たちは、老後の人生設計というと、すぐに経済的なことばかり考える。もちろん、それも大切な条件である。しかし、そこだけにとどまっていてはいけない。悠々自適などといった言葉は、朝早くから夜遅くまで、くたくたになって働いた昔、せめて退職後は、ゆっくりのんびりと過ごそうといった願いを込めた言葉である。

今は違う。休みも多い。普段から、様々な楽しみごともある。旅行にも行ける。とすれば、「せめて老後はゆっくりのんびり」と考えるのではなく、「定年退職するまでは、家族や会社のために頑張ってきたけれども、せめて退職後は、世のため人のために大いに役に立つ生き方をしようではないか」と考えるべきではないだろうか。

改めて、自らに問いかけたい。「人生のテーマは何か？」。仕事のテーマはいっぱいあった。しかし、退職すると、すべてはすっと目の前から消える。人生のテ

ーマと思って努力してきたすべての目的は、会社のため、仕事のためのテーマでしかなかったのだ。

私は、老後の設計の第一は、生活設計と同じぐらい真剣に、何のためにかけがえのない命を注ぎ込むか、人生のテーマは何かを、現役の時からしっかりと考えておくべきだと経験上からも強く思う。

松下幸之助が亡くなったのは、九十四歳だった。米寿の年の六年後である。私は、亡くなる直前まで、直接会って、松下政経塾の現況を報告し、運営の方針についてお伺いを立てていた。「もう、わしも歳《とし》や」などと聞いたことは一度もなかった。

Key Sentence

85

松下政経塾は日本国民のための塾である

いつも考えていることは、政経塾は二十三人の塾生がおって、そこで勉強してもらっているというようなことしかなかった。ところが、あの本（政経塾講話録）をこう持ってみて、ふと思ったことは、〝これは二十三人と違う。これは日本の国民の塾である。日本国民の政経塾であるというふうに考えられる。この本を世間に出したら、必ず読まれるにちがいない。読まない人もあるけれども、読んだ人は何らかの影響を受ける。内容がよければそれ相当の影響を受ける〟ということであった。（中略）これは日本の一億国民の政経塾であるということがひらめいたわけである。

（『松下幸之助発言集』第42巻）

全四十五巻ある松下幸之助全集も、最後に近づくほどに、晩年の発言が多くなる。ということは、私が勤務していた松下政経塾のことに触れている場面が多くなる。

それにしても、この文章は、昭和五十六年一月、即ち、私が松下政経塾に出向する年の初めの発言である。当時、私はこんな話があったことはまったく知らなかったし、誰からも聞いたことがなかった。それどころか、「松下幸之助の晩年の道楽に使われるのか」といった程度の意識しかなかった時の話だ。

松下政経塾を離れて二十六年、今頃、こんな話を知って、身が引き締まる思いをしているのである。

本当は、松下政経塾に勤務していた頃から、松下幸之助の思いを、可能な限り、自分の中に取り込んで自らの思いとして、仕事をしたかったと思う。当時は、塾生諸君が路頭に迷わず、無事にそれぞれの希望する道を進んでいくことばかりを考えていた。

私がいつも若い人に言う言葉、「人間は自分の思い以上の結果は出せない」。自らの限界は、自らの意識の中にあるのだ。

この一期生二十三人が、それぞれの進路に向かって飛び立てますようにとばかり思っていた。その私の思いは、私の限界であった。もしその時に、松下幸之助が、「二十三人の進路も大事だが、それ以上に、この松下政経塾は日本人すべての政経塾をめざすのだ」と号令がかかっていたら、努力の仕方も変わっていたことだろう。

重ねて強調したい。「人生、自分の思い以上の結果を出すことはできない」。例えば、富士山に登りたいと思わない人は、どんなに富士山に近い所に住んでいても生涯、富士山に登ることはない。「この会社で、そこそこに飯を食うことができたら満足だ」と考えている人は、夜を徹してまで仕事をしようとは思わない。思いは、その人のエネルギー源だ。思いが小さいと、努力も小さい。努力が小さいと、達成の喜びも小さい。人生は、まずとてつもなく大きな思いを持つことだ。「よし頑張ろう」と思えるではないか。限界は、自分の能力にあるのではない。限界は、自分の思いにあるのだ。自らの持つ可能性のエネルギーを爆発させるのだ。

この文章を見ながら、松下幸之助の思いの大きさを改めて知らされる気がする。

見方によれば、私たちは、能力に差があるように思っているけれども、それは大きな間違いではないか。差があるのは、思いだ。特に今日のような平和で、豊かな社会になると、多くの人たちは現状に満足する傾向にある。「このままでもいいのではないか」と。これはまさに、衰退の兆候だ。

Key Sentence

86

優等生でも政治家にはなれない

政治家になろうと思っても、本人が非常にしっかりしている、政治家として立派なものであるというだけではなれません。なぜかというと、政治家になるには、代議士に当選しないといけない。代議士に当選するについては、票を集めなくてはならない。票を集めることができないと、いくらここ（松下政経塾）で五年間勉強して、第一位の成績で卒業しても、代議士になれないということになる。

（『松下幸之助発言集』第44巻）

第一期生の入塾式で、松下幸之助がずばり指摘したように、開塾当初、塾生はもとより、職員をはじめ関係者にとって一番頭の痛い課題は、「はたして選挙に当選できるのか」という点であった。とりわけ、当時の塾生諸氏は、一流企業の就職内定を断ってきた人たちがほとんどだった。安定の道を捨てて、政治家という、不確実な道を選んだことに対する不安が、片時も頭を離れなかったのではないだろうか。

私が松下政経塾で働くようになった当時、塾生たちが夜遅く、東京から茅ケ崎の塾の寮に帰ってくる姿をよく見かけた。政治家のパーティーを渡り歩いて、政治家になれる道筋を自らつけようとあがいていたのだ。ある週刊誌は、それを〝宴会トンビ〟と称した。

松下政経塾の塾生たちの大半は、親が政治家ではない。世襲の道を歩める人はごく例外的存在だった。その上、私たち職員もまた、松下電器からの出向社員で、選挙の経験など皆無だった。どうして政治家への道をひらくかは、塾全体を覆う大きな不安であり、葛藤《かっとう》であった。

その上、松下幸之助は、松下グループが選挙支援することを許さなかったし、

自らも選挙にお金を出そうとはしなかった。「自分たちの足で立て、自分たちの力で道をひらけ。君たちが本当の意味で世間の人たちから信用を得ることができれば、選挙に通る」と譲らなかった。まことに正論であり、それゆえに、私たちの苦しみの基となった。

当時の塾生たちは、それまでの選挙のプロが見たら、鼻先で笑うような〝素人の戦い〟であった。ラグビージャージ姿で選挙区を走り回る人、駅頭で雨の日も風の日も雪の日も欠かさず演説に立つ人、家庭のガス検針に付き添って地域の実情を調べる人など、みんなが徒手空拳、志高らかに選挙に挑んだのである。創業期の〝初心〟だ。

塾生たちも、それぞれに頑張った。しかし、それ以上に松下幸之助の存在感と、世間に対する信用度は高かった。「あの松下幸之助が直接選んだ人たちだ」というお墨付きは、いかなる援軍よりも、心強かった。多くの塾生たちが、裸一貫の挑戦ながら、相次いで政治家の道をひらいていったのである。

とりわけ、細川護熙《もりひろ》さんが立ち上げた日本新党は、松下政経塾出身者に国政への道を開いた。〝日本新党ブーム〟もあって、どっと国政に進出することができ

た。それにしても、松下グループ丸抱えの選挙を許してもらえなかったことは、当初は悔しかったけれども、今にして思えば大正解だった。もし、松下グループ挙げての選挙によって、松下政経塾から大量の国会議員を生み出していても、世間の人たちはきっと、「彼らは、しょせん、松下グループのお抱えだ」と突き放していたのではないだろうか。

Key Sentence

87

なぜ人間がこんな目に遭わなければならない

人間には本来、繁栄であるということ、平和であるということ、幸福であるということ、これらは原則として備わっていると思うのです。それが現実には得られていないというのは、なぜか。それは人間自身が、そういう本来備わっているものが、備わらないような状態で活動しているからである。

そういうことを考えてみると、みずから貧困な姿を招くのと同じことになる。自然にやっているところの魚でも、鳥でも、獣でも、みな満腹している。その鳥獣よりも人間は劣っているという、そんなバカなことはない。

(『松下幸之助発言集』第44巻)

松下幸之助の生涯を通じて、二回にわたる、人生の〝目覚め〟の時があったように思う。

まず一回は、戦前、ある宗教団体の本部に出かけて、信者さんたちの働きぶりに大いに影響され、自ら、事業の〝真の使命〟に目覚めた時である。〝命知元年〟と言われる昭和七年のことだ。

そしてその次は、昭和二十一年、ＰＨＰ運動を立ち上げた時の〝目覚め〟である。上記の文章は、その時の松下幸之助の心境がはっきりと表現されている。

昭和二十一年と言えば、日本が戦争に負けた翌年だ。全国各地は、焼け野が原。多くの国民が命を落とし、生き残った国民の大半も、貧困のどん底に苦しんでいた時である。まさに、〝地獄絵〟のような光景が広がっていた。

松下幸之助は、この年、間違って松下電器が財閥に指定され、経営者であった自らは公職追放されていた。まさに、国もどん底なら、松下幸之助自身もまた、逆境のどん底に落ちた。

驚くべきことは、そんな悲運のどん底にあってなお、「人間には本来、繁栄であるということ、平和であるということ、幸せであるということ、これらは原則

として備わっている。にもかかわらず、こんな悲惨な目に遭うのは、本来与えられた特質に気づいていないからである」と、PHP運動を立ち上げたのだ。

そして、そのことを訴えるために、お寺や警察、裁判所をはじめ、様々なところに出かけて訴えている。また、大阪駅前で、「PHP運動に参加しよう」と呼びかけるビラを配っているのだ。そこが、普通の人とは大きく異なるところである。普通なら、失意のどん底に沈んで無気力になったり、自暴自棄になったりするところである。

このPHP運動が、やがて月刊雑誌の発行や出版活動などになり、さらには松下政経塾の設立にもつながり、発展していく。

松下幸之助は、巷間《こうかん》、〝経営の神様〟と呼ばれていた。まさに、経営者として、破格の発想と業績を残したことに対して、多くの国民の支持・共鳴を得ていた。しかし、PHP活動が、松下幸之助のもう一面であることを忘れてはならない。それはもはや、経営という分野での発想や手法、業績をはるかに超えたものであった。そこに、松下幸之助の本当の魅力、奥の深さ、そして偉大さを私は感じ取っている。

時には宗教者ではないかと思うこともある。また時には哲学者ではないかと思うこともある。松下幸之助は、単に、経営者として、売り上げや利益を上げることに長《た》けていた人ではなかった。まして、長者番付日本一を長く続けていたから評価されたのでもない。

すべての発想の根本に、「人間とは何か？」に対する深い洞察を持ち、人としてのあるべき姿を常に追い求めている生き方をした人であったことを強調しておきたい。

第七章

日本人へのメッセージ

Key Sentence

88

「自分にばかり与えよ、与えよ」は子供の心

われわれは、お互いに自分が大事であり、自分がかわいいごとく、他人を愛し、町や国を愛し、職場を愛していかなければならない。（中略）しかるに昨今のわれわれは、たとえば国に対しても、もっと生活を保障しろとか、人権を認めろとか、職業を与えよとか、そういう要望はするが、しかし自分のほうから国に対して、自分はこのようにサービスするぞ、このように国民の義務を果たしていくぞというようなことは、なかなか言わない。それを言わずして、自分にばかり与えよ与えよと、まるで子どものように叫んでいるのが、今日の日本国民の一つの姿だと思う。

（『松下幸之助発言集』第39巻）

私が主宰する『青年塾』で、一番、教えたいことをそのまま松下幸之助は、『発言集』の中で語っている。例えば、「あなたが自分を愛したいのであれば、まず働いている会社を好きになり、愛することだ。だから、会社を愛する努力は、即、自分を愛することだ」と教える。しごく当然で、当たり前のことのはずが、実は大変難しいのである。自分と会社の利害が相対立するように思えてしまうことがあるのだ。とりわけ人間関係で複雑な感情が入ってくると、「あんな奴のいる会社を好きになることなど不可能」と思ってしまう。

私はそれを何とか分からせたいと、様々なたとえ話を使って話す。例えば、新型コロナウイルス。誰でも自分がかわいいから、自分だけ感染したくないと思う。それでは、自分が感染しないようにするにはどうすればいいか。結論から言えば、みんなが感染しなければ、自分も感染しなくて済む。だから、みんなが感染しないようにするために、協力することだ。極めて平易な言い方をするならば、その考え方が、『志』である。

ところが、たいていの人は、人がコロナに感染しても、自分だけは感染したくないと思ってしまう。それがエゴだ。周りのみんながコロナウイルスに感染して、

自分だけは感染しないようにと、どんなにガードを堅くしても、限界がある。

私という人間を、因数分解してみよう。日本人である。ある会社の社員である。東京都民である。何々家の家族の一員である。そんなふうに様々な要因に分解できる。とすれば、日本を愛する努力は、自分を愛する努力とイコールだ。「いい国に生まれましたね」。会社を愛する努力は、自分を愛する努力とイコールだ。「いい会社に勤めていますね」。住んでいる街を愛する努力は自分を愛する努力とイコールだ。「いいところに住んでいますね」。家族を愛する努力は自分を愛することとイコールである。「いい家族ですね」。それらを総合すれば、「いい人生を送っていますね」と誰もが言うし、自分でもそう思うはずだ。

しかし、それを言葉や、頭の中で考えているだけではダメだ。普段の行動を通じて実践しなければ、周りの人たちは、「何だ、口だけか」と、見抜いてしまう。日々の行動の一つひとつにおいて、相手を思いやる実践を心掛けていると、自分自身の心の豊かさを実感できるようになっていくのだ。

その意味では、愛社心や愛社精神は、会社のために養うものではないのだ。それはそのまま、「私を愛すること」につながる。そのことを単なる心掛けとして

ではなく、心から理解できて、実践する人は、〝人間一流〟である。

『青年塾』では、「自分のことで悩んではいけない」と教える。そして、「悩むなら他人のことを悩め」と。人間は、自分のことを考えて悩んでいるといつかは行き詰まる。悩むなら周りの人のことを心配するのだ。他人の悩みは、悩むほどにあなたをやさしく、強くしてくれる。

Key Sentence

89

日本は、好ましからざる国か?

今日のわが国においては、みずからのもつ歴史のよくない面のみを強調し、歴史全体がよくないかのように考える傾向が強く、そのためにもろもろの好ましくない姿も起こっていると思われるのであるが、これはお互い見過ごしていてはならない問題だと思う。よくない面を正しく知って、それを再び現わさぬよう注意していくことも大事であるが、それとともに、やはりわれわれ日本人は、日本の歴史、伝統のよい面を知って、日本人みずからの好ましい素質というものを正しく認識し、それを新しい日本においてよりよく生かしていくことが、さらに大切だと思うのである。

(『松下幸之助発言集』第41巻)

私は今、八十歳である。十分に高齢者の範疇《はんちゅう》に入っているが、それでも、戦後の教育を受けてきたという一点において、今の若い人たちと同一線上にある。即ち、同じ教育的意図によって教えられてきたのである。

私が小学校に入学したのは、昭和二十三年である。日本が戦争に負けて降伏したのは、昭和二十年だから、その三年後である。当時、日本はアメリカを中心とする連合国の占領下にあった。

そして、占領政策として、戦前まで日本人が大切にしてきたあらゆる伝統・価値観を完全否定されたのである。「日本人が二度と戦争を繰り返すことのないように、日本人の伝統精神を徹底して解体する」教育を受けてきたのだ。

あれから七十年以上の時間が経過して、「日本人の心を解体する」といった連合国側の意図など、明確なかたちでは残っていないが、教育のあり方の根本、そして姿かたちはそのまま、今日まで連綿として続いているのである。

私たちが子供の頃、GHQによって叩き込まれたのは、「日本は悪いことをした悪い国」だということ。テレビなどのなかった時代、子供は、夕やみが迫る頃に小学校の校庭に集まった。定期的に屋外映画会があるのだ。子供心に、それが

楽しみで、無邪気に小学校の校庭に通った。その時に見た映画に出てくる日本兵は、例外なくみすぼらしくて悪いことばかりするいやな奴、そしてアメリカ兵はいつも正義の味方なのだ。

あとで知ったことではあるが、こうしたことはGHQの占領政策の一環だったのだ。「日本人は悪いことをする悪い国民だ」という意識を刷り込む〝戦争贖罪《しょくざい》作戦〟が、全国的に展開され、映画をはじめ、雑誌や新聞を通じて、国民を洗脳し続けた。

戦後の教育を受けた日本人は、〝日本人の心を解体する〟ことを基本とする教育を受けてきたとも言える。その意味では、八十歳の私も、二十歳代の人たちも、同一線上にある。学生時代、京都大学の会田雄次先生が、「君たちが日本の中心になる時が心配でたまらない」と繰り返し話していた。

「なぜか？」。

「それは君たちの受けてきた教育に問題がある。戦後、GHQは三つのことを学校では教えてはいけないと指令を出した。第一に、日本は素晴らしい国だと思わせる歴史を教えてはいけない。道徳を教えてはいけない。宗教を教えてはいけな

い。歴史と道徳、宗教を学ばなかった君たちは、〝金儲け〟にしか価値を感じないようになり、日本は精神において崩壊する」。

Key Sentence

90

八十四歳で松下政経塾を創設した志

「国家百年の大計」という言葉もあるが、百年とまではいわないにしても、せめて十年先、二十年先においては、こういう好ましい日本をつくりあげる、そして日本と日本人は世界に対してこういうように貢献していくのだ、というような国家経営の哲学、理念というものを確立していくことが、多数国民の期待にこたえるためにも、また、当面する諸問題をよりよき方向へ解決していくためにも、きわめて大切なことではないかと思うのである。

（『松下幸之助発言集』第41巻）

私の人生の重大な分かれ道は、四十歳の時に訪れた。

それまで、私は、松下電器（現パナソニック）の電子レンジ事業部営業部で、首都圏担当の販売課長であった。当時、私の頭の中には、〝国家百年の計〟などまったくなかった。「百年後のことを考えている暇があったら、今や今。今月いくら売るのか、今日の目標は達成できるのか？」と、部下に発破をかける日々を過ごしていた。

百年後、自分の死んだあとのことなんか、私とは何の関係もないと考えていた私が、昭和五十六年十月三十一日、まさに四十歳の誕生日に、松下政経塾への出向を命じられて以来、人生が百八十度変わってしまった。今日の販売成績に目の色を変えていた私が、「百年後の日本のことを考えろ」と塾生諸君を指導する立場に立ったのである。

松下幸之助が、私財七十億円を出して、財団法人松下政経塾を設立したのは、八十四歳の時である。実際には、七十歳代から設立の構想を持って準備していた。しかし、反対する人がいて、実現を思いとどまっていた。しかし、日本の政治の現状を見るにつけ、「もはやこのまま見過ごすわけにいかない」と、立ち上がっ

たのである。

それにしても、八十四歳といえば、自らの命の明日をも知れぬ高齢者である。その人が、百年後の日本に思いをはせて、どうしても日本の政治の現状を変えなければならないと立ち上がる生きざまは、驚くばかりである。

私などは、すぐ、「歳《とし》も歳だから」と言い訳して、自分の殻の中に安住を求めて閉じこもってしまうだろう。

一言でいえば、『志』である。私は、自らの出世、金儲けとなれば、目の色を変えられる。しかし、人のことになれば、「私には関係ないこと」と決め込んで無関心を装う。『志』とは正反対の考え方のど真ん中にいたのだ。

百年後の日本をよりよくしたいと、八十四歳にして立ち上がった松下幸之助の直下で働くことによって、私は、考え方が変わり始めた。自分のことばかりを考える自分が、人間としていかに恥ずかしいか、徐々に気づかされ、目覚めていったのである。『志』とは、己一身の利益を超えて、みんなの利益のために本気になる心である。

昨今の日本には、目先のことに追われるばかりで、「百年後に向けて、このよ

うな日本をみんなの力でつくり上げていこうではないか」と、国民に大きな夢と希望を与えるような呼びかけをする政治家は数少ない。みんな、考えているのは、自分の選挙、そしていかにして地位を得るかである。

目先と自分の利益ばかりを求める〝小物〟ばかりが集まって、百年後の力強い日本は実現しない。百年後といえば、私たちの孫やひ孫、さらにそのあとに続く子孫の時代である。先人のおかげをもって今日を生きる私たちは、あとに続く子々孫々の時代をよりよくする責任を担っていることに気づかなければならないのだ。

Key Sentence

91

法律の行き届いている国は先進国か？

法三章でも栄える国が真の文化国家であり、先進国ですな。法三章ですむというのは、どういうことかというと、国民の道徳性というか、良識が非常に高くなくてはいけませんね。良識も何もないところで法三章にしたら、みな好き勝手な行動に走って、収拾のつかないようになってしまいます。だから、そういう場合は、その程度に応じて、武力によるか、あるいは法律をピシッと定めて、それによって秩序を保っていくよりしかたがないですね。

（『松下幸之助発言集』第41巻）

私が主宰する『青年塾』には、規則がまったくない。普通、学校には校則があり、何か事が起きた時には、その校則に照らし合わせて、処分されるのが一般的だ。

「規則が何もなければ、組織の秩序が保てないのではないですか?」と聞く人がいる。私は、「青年塾は、規則がなければ秩序を保てない組織でありたくないのです」と答える。

「どういうことですか?」とさらに聞かれる。

「塾生たちが、何かをする時に、規則を基準として判断する人になってほしくないのです。自分の良識と良心に照らし合わせて、やるべきことはやる、やってはならないことは絶対にしない、そんな人間になってほしいのです」と説明する。

「規則があるからやらない」という人は、規則がないところに行くと、やってしまう。人間の行動の基準が、自らの心の中の〝規範〟にあるとしたら、なんと誇らしく、高邁《こうまい》な生き方ではないだろうか。

併せて私が若い人たちに教えるのは、「天が見ている」である。人は、自らの行動を律する時に、〝人の目〟を基準とする人たちが大半だ。「誰も見ていないか

ら、やってもいいだろう。誰かが見ているぞ、やめておこう」となる。それではいつか、ばれてしまう。最近の世の中、〝陳謝、陳謝〟の連続ではないか。聞くところによると、上手な陳謝の仕方を指南するセミナーまであると聞くから驚きだ。世も末だ。

「天が見ている」と、もし思うことができれば、人は、誰が見ていなくても、してはいけないことは絶対にしない、なすべきことはなす、そんな高邁な人間になれるのだ。

昨今、事あるたびに法律がつくられるものだから、あまりにも複雑になり過ぎて、一般の人たちは対応できない。だから、法律の専門家である弁護士がますます重宝される。弁護士が重宝されるのは、その社会が先進国だからではなく、精神的にはまだまだ中進国である表れだろう。

税金もしかりだ。極めて分かりやすい税体系であれば、税理士はいらない。ところが、税体系が複雑になればなるほど、一般の人では手も足も出なくなる。複雑な税制の社会は、まだまだ中進国だと言っても差し支えないだろう。

道徳心が高まることは、余分なコストがかからなくなることでもある。

会社も同じだ。社員の道徳心が高い会社では、罰則規定などはほとんどいらないだろう。

Key Sentence
92

お坊さんに説教する

〝諸行無常〟ということは〝日に新た〟であると自分は思う。〝諸行無常〟は非常にはかないという意味ではなくて、非常に進歩的で積極的なことである、それをお釈迦さんが言うておられるのやと思う。考えてみると、そのお釈迦さんの教えというものを、無意識であるかもしらんけれど、いちばん遵守しているのは、私自身だと思う。皆さんは、お坊さんとしてお釈迦さんの教えを広めておられるけれども、〝諸行無常〟に関しては、その教えに反している。というのは、皆さんの活動というものは、ほとんど十年一日のごとく変化していない。

（『松下幸之助発言集』第42巻）

松下幸之助が、戦後すぐPHP運動を始めた時、様々な場所に行って、様々な人たちに自らの思いを熱く語りかけている。話の内容は、かなり過激だ。敗戦の痛手から立ち上がろうとする日本人に向かって、高邁なる精神をもって立ち上がれと呼びかけているのだ。思い込みの激しさは、この東本願寺での話の内容を聞いただけでも分かる。

相手は、説教するのが本職のお坊さんたちだ。そのお坊さんたちの本業である説教のお株を奪い、逆に説教している。お坊さんたちもさぞかし戸惑ったことだろう。紹介した文章の続きに、「何かご質問はありませんかと話したところ、誰も質問しない。さらに質問はありませんかとうながしたら、一人のお坊さんが立って、〝PHPの世の中になったら、あなたはどうなるんですか?〟という質問をする。ぼくは、〝提唱者として、大変うれしく思います〟と答えた。そしたら、〝ああそうですか〟でおしまい。そういう質問しか返ってこないんです」。明らかにお坊さんたちの意識の低さにイライラしている様子が伝わってくる。戦後の貧しい時期、食べることに精いっぱいの国民の姿を見ながら、松下幸之助は、こういう時こそお坊さんが先頭に立ち、国民の精神を起こすべきではないかと言いた

かったのであろう。

松下幸之助は、戦後一貫して、戦争に負けた日本が経済的に立ち直ろうということには熱心に取り組んでいるけれども、精神において、日本の伝統のよさを失い、混迷していることに対して、強い危機感を抱き続けていたのだ。そればかりか、精神の衰退がやがて国家の衰退につながっていくことを、終始、憂いていたのだ。その点において、松下幸之助は、一般的な経営者とはいささか異なるところであろう。また、そういう危機感の中から、ＰＨＰ運動、そして松下政経塾が生み出されていくのである。

危機感の矛先をお坊さんに向けたのが、この文章だ。「あなた方は、本来、国民の心をよき方向に導き、精神において復興する重要な役割を担っていながら、現実はあまりにもかけ離れている。何もしていないではないか」、といういらだちが感じ取れるのだ。

戦後の日本は、経済において復興し、精神において衰退の方向に向かっていないか。それは、現代に生きる私たちへのまことに重く、大切な問いかけではないだろうか。私たちは生きていく上で、経済的成功ばかりに目を向けて、精神的な

目覚め、気づき、さらには高まりを軽んじていなかっただろうか。

例えば宗教者にしても、〝宗教ビジネス〟といったテーマがマスコミでもてはやされるほど、宗教を通じていかに経済的成功を得るかといったことに重きを置き過ぎてはいないだろうか。

桜や紅葉のシーズン、夜間照明までして、お寺の関係者が、参拝客ならぬ、観光客を集めることに目の色を変えている姿を見るにつけ、松下幸之助の怒りもまた、分かる気がする。

Key Sentence

93

上に立つ人間に求められる戒め

昔、徳川時代に武士道というものがあった。武士は権力者やわな。階級がいちばん上で、身分というものを確保した上に権力をもっておった。けれども、彼らは非常に自戒の念をもっておったわな。武士道の精神というものは、権威をかさに着るというような生活態度を教えてはいないね。町人には許されることでも武士には許されない。たとえば町人がウソを言うようなことをしたとしても、まあそんなこともあるやろうとされた。しかし、武士は二言があってはならんぞと、非常に戒律が厳しかった。

（『松下幸之助発言集』第43巻）

私は、松下政経塾で、政治家をはじめとするリーダーを育てる仕事をしてきた関係から、この言葉の意味するところが痛いほど分かる。

社会に出たら、「出世」したいと思う人は多い。私だって、大学を出て、サラリーマン生活を始めた時、「将来は、重役になるぞ」と、ひそかに思っていたことは事実である。それは、重役になれば、給料が多くなる、黒塗りの車で送り迎えしてもらえる、秘書が身の回りの世話をしてくれる、みんなが指示に従ってくれる、大きな組織を動かせる、飲み屋に行けばもてる、世間の体裁がいい、そんなことを思い描いていたからだ。

しかし、リーダーとしての「戒め」や「責任」が伴うことなどは、毛頭、頭の中になかった。

それから、五十五年、今、「リーダーは、人の上に立つ大きな責任を負っていることを自覚しなければならない」と、とりわけ若い経営者たちに厳しく教えている。リーダーとは、「思わず後ずさりしてしまいそうなほど厳しい責任を担う人」である。しかし、昨今、リーダーと呼ばれる人たちになんと、そのことに対する自覚と認識がないことか。それどころか、思わずわが耳を疑うような、恥ず

かしく、破廉恥《はれんち》なことで社会的指弾を受けるリーダーが多い。

人の上に立つ責任を、リーダーは自覚しなければならない。そのことを、私は、松下政経塾でリーダーを育てる仕事に取り組んで、痛切に、教えられた。要するに、教える私自身の言動のすべてが、〝もって範とするにたるもの〟でなければ、どんなに上手に教えても、手練手管を尽くしても、教育効果はないに等しいのである。「何を偉そうなことを言って。自分もできないくせに」と言われた時、私の言葉や教えは、まったく説得力を失ってしまう。

私は、日々の生活の隅々まで、塾生に求める前に、「自ら実践・実行する」と心に決めた。そこで会得したのは、〝無言の教育力〟である。例えば、「時間に遅れるな」と教えるならば、教える私が、どんな時にも時間には遅れないという固い決意をして実行することが、最も教育効果を発揮するのだ。

なかでも、〝自らを戒める〟ものをしっかりと持つことは、指導力の根本である。「上甲さんは絶対に、公私混同しないね」の一言は、「私たちも気をつけなければ」と部下に大きな感化を与える。

「自分のために計らない」、「天に恥じることは絶対にしない」、「人の悪口は言わ

ない」、「人に求める限りは自らやる」など、眉《まゆ》を顰《ひそ》めるようなことを、自分はしないと決めてきた。

Key Sentence

94

何のための教育かと問いたい

山間僻地《へきち》へ行っても、生徒が三人で、先生がついて、分校が運営されているというような状態です。だから、義務教育の場というのはほとんど完璧《かんぺき》に近いほど行き渡っている。また、高等教育をとっても、ほとんどくまなく行き渡っている。大学の数も短期大学というものを加えると、千に近い。おそらく、世界広しといえども、日本ほど教育の場がキチッとしているところはないでしょう。しかるに、世情を考えてみても、非常に問題が多い。それだけ教育が普及しているにもかかわらず、必ずしも世の中はよくなってきていません。

(『松下幸之助発言集』第44巻)

ある時、松下幸之助が私に語りかけてきた。「君は大学を出ているな」。「はい」と私。「僕は小学校四年の途中までしか学校に行っていない。その僕がここまでやってこられたのだから、大学出の君は僕の何倍もやれるはずやな」と。私は、黙ってしまった。

尋常小学校四年中退の人から見たら、大学を出ている人は、比較にならないほど恵まれている。極端に言えば、〝雲の上の存在〟である。とすれば、小学校出よりも、何倍も成功して当然ではないかという、素朴で鋭い問いかけである。問われるのは、「何のための教育か」ということだ。理屈から言えば、みんなが高等学校、さらに大学に行き、高等教育を受けるようになったら、社会全体のレベルもそれと共に上がるべきではないかという問いかけと共通している。

今の世の中で通用している教育には、何か大切なことが欠けているのではないか。松下幸之助は、それを問題提起しているのである。例えば、今、大学の医学部に合格するのは、至難の業である。よほど成績優秀でなければ、まず医学部に合格することは不可能だ。

なぜか？　それほど、「医師の仕事を通じて社会の役に立ちたいという高い志、

強い意志を持った人が多いから」というのであれば、まことに頼もしい。そんなお医者さんが増えれば増えるほど、国民は、安心して医療を受けることができる。要するに、医療の質的なレベルが上がるのである。

逆に、「お医者さんは、経済的に得をするから」といったことが、若い人たちが競い合うように医学部をめざす動機であるとすれば、お医者さんが増えれば増えるほど、医療の質は落ちていくだろう。

現在の学校教育は、実社会で成功をするための通過点、あるいは手段に堕してしまっていないだろうか?「どうしてその学校をめざすの?」と聞かれた時、「いい会社に入りやすいから」とか、「就職に便利だから」と考えるとしたら、教育は、若い人たちの個人的欲望を充足するための手段でしかない。

現在の教育に何が欠けているか? 人は何を大切にして、何のために生きなければならないかという根本が教えられていないのではないだろうか。要するに、人間として何を大切にするべきかという、生き方の根っこを教えていない。聞くところによると、医学部には、「医者の基本的使命」を骨の髄まで教えるような教育内容はほとんどないと聞いた。「何のために医者になるのか」という『志』

を教える教育が弱いのだ。

利己主義的欲望を充足するための教育は、進歩すればするほど、社会を悪くしていく。教育の目的は、公的精神、「みんなの役に立つために学ぶ」ところにあることを徹底するならば、教育が進歩すればするほど、社会はよくなるはずである。

私は、今、『青年塾』を運営している。思いはただ一つ、「人の役に立つ人間になる」ための学びをするのである。日本の教育は、あまりにも目先の個人的損得勘定に即して運営され過ぎている。本当の教育は、何よりも、「人の役に立つ思いやり深い人間を育てること」であるという、教育の原点に立ち返らなければならない。

Key Sentence

95

日本を知らずに海外に行っても役立たず

維新に功をなした人は、日本の文化というものを土台において海外の文化を取り入れている。日本の文化を土台におかずに取り入れた人は、みな失敗しているわけです。だから、「まず、日本というものをお互いによく知ろうじゃないか」と。われわれは日本に生まれ育っているけれど、ほんとうの日本というものを知っているのかどうか。どこまで把握しているのかといったら、把握していないかもしれない。そこに弱さがあるわけです。

(『松下幸之助発言集』第44巻)

第四十四巻は、松下政経塾での講話が中心である。松下政経塾で十四年間勤務した私は、一つひとつの文章を読んでいると当時の苦労が思い出されて、なかなか読み進まない。

このくだりはまた、掃除と同様、当時、塾生たちと運営する私たち職員との間に軋轢《あつれき》があった出来事の一つだ。

松下政経塾の一期生の募集要項は、すべてイラスト入りの説明だった。開塾の前だから、〝夢物語〟の要素もかなりあった。なかでも五年間の研修期間中には、世界を舞台に学ぶことを大きく案内していた。当然、塾生たちは、入塾したら、世界に羽ばたいていけると胸を膨らませていたのだ。

しかし、松下幸之助は、「まず日本のことをしっかりと学び、自分というものが確立するまでは海外研修は後回し」と説く。当然、間に入った私たち職員は、板挟み。塾生たちからは突き上げられる。塾長は認めてくれない。

今、松下幸之助の言葉を改めてじっくり読んでみると、まさにそのとおりだと大いに納得する。しかし、当時は、その本意を横に置いて、「行かせてほしい」、「行かせるわけにはいかない」のやり取りばかりがエスカレートしていって、塾

の中の雰囲気をどんどん険悪なものにした。

今にして反省するのは、「日本についてしっかりと知れ」と言っても、だから、このような学びをしようではないかという研修内容を示せなかったことだ。日本にいたら、自然のうちに日本のことが学べるという思い込みがあったのだ。そうはいかないのである。日本のよさを学ぶためには、しっかりとした目的と方法が必要だった。

とりわけ、戦後の教育で、GHQによって学ぶことを否定された日本の歴史、なかでも日本の伝統の心をしっかり学ぶことに取り組むべきだった。日本人は、戦後、〝日本人として誇りを持つ歴史教育〟を学ぶことを否定された。そして逆に、「日本は戦争を起こした悪い国だ」と徹底して洗脳されたのが、戦後の歴史教育だった。だからこそ、松下政経塾では、塾生たちに、歴史教育のひずみを正し、日本の歴史にはぐくまれた日本人の誇り高い心をしっかり学ばせるべきだった。大反省である。

若くして海外で学び、活躍する人もいる。語学力も含め、その見識や実力は、日本一国にとどまらない人も多い。しかし、その人が、〝世界に通用する日本

人〟かと問われると疑問だ。〝世界に通用する人〟であっても、〝世界に通用する日本人〟ではない。

〝世界に通用する日本人〟になるためには、「日本人のよき心を備えている」ことが、大前提になる。日本のことを知らない日本人が世界的に尊敬されるはずがない。

Key Sentence

96

徹し切れない人はやめた方がいい

諸君はまずだれよりも、〝自分は日本人である〟ということの自覚をもたなくてはいけない。そして同時に〝松下政経塾の塾生である〟という自覚をもつ。塾の使命はどこにあるかというと、日本をよりよき日本にするのだ、そういう使命をもっているんだ、そのために自分は身命を賭《と》して勉強するんだと、こういうことです。きわめて簡単なことです。それ以外にないと私は思う。そういうふうに徹しきることができない人は、極端にいうと、すみやかにやめたほうがいい。

（『松下幸之助発言集』第44巻）

この文章もさらりと読むと、「なるほどそのとおりだ」という程度にしか受け止められないだろう。しかし、松下政経塾に十四年勤務していた私からすると、創設当初の松下政経塾が抱えていた問題点が如実に出ているとともに、松下幸之助のいらだち、実際の運営に携わるスタッフの苦悩、設立趣旨に共感して入塾したものの現実と理想の狭間で苦しむ塾生たちの葛藤《かっとう》が入り乱れていた様子が、まるで昨日のことのように生々しく思い浮かび、複雑な気持ちになってしまう。

私は、松下政経塾が設立されて一年半が経過した、昭和五十六年十月に、松下政経塾に出向した。もし松下政経塾が、開塾とともに、すべてが順風満帆に進んでいたら、私が、松下政経塾に出向することはなかったのである。

この文中に、「(松下政経塾の使命に)徹しきることができない人は、極端にいうと、すみやかにやめた方がいい」とある。昭和五十五年七月十九日の塾長講話で、塾長からこんな言葉が飛び出すこと自体、当時の状況がいかに混乱していたかがうかがえる。事実、それから間もなく、入塾した二十三人の中から、五人の塾生が退塾するのだ。そして一方では、塾の設立構想を考える最初から携わってきた責任者が、本社に復帰する。そしてその人と入れ替わって、私が突然、電子レン

ジの販売課長から松下政経塾へ出向することになるのだ。私が赴任した当時の松下政経塾は、まるで火事場の跡に立つような居心地の悪さがあったことを記憶している。

この文中に、「みんなが、とつおいつ思案している」とある。〝とつおいつ〟とは、「あれこれ迷う様子」と辞書にある。本来の目的である「日本をよくすること」よりも、目先の塾の運営がいかにあるべきかについて、職員と塾生たちが日々、研修の方法や内容について、議論百出、まとまらない。前例のない塾としてスタートしただけに、みんなの思惑が入り乱れて、大混乱していたことを、改めて思い起こさせる文章だ。

その後、松下政経塾からは、想像した以上の数の政治家を輩出することができた。それをもって、「成功した」との見方もある。しかし、松下幸之助が日本の政治をよくしたい、将来に向けて、よりよい日本を実現していくのだという『志』は果たせたかと自問自答する時、忸怩《じくじ》たる思いをする。

私は、その忸怩たる思いをそのまま封印できなかった。せっかく松下幸之助が、「国家百年の計に立つ政治」を実現して、世界から尊敬され、誇れる国づくりを

進めるのだという大きな思いをもって創設し、国民の多くの皆さんにご支援いただいた松下政経塾が、本来の使命を果たさないままに生きながらえていることは許されないと思った。

そこで、今、「国家百年の計の会」を立ち上げて、松下幸之助が願った大きな思いの実現に、遅まきながら、立ち上がった次第である。

松下幸之助がもう十年若ければ、熱い思いが塾生の心に届いたのではないだろうか。

Key Sentence

97

日本にいい政治が生まれない理由

私は、今の状態では、当分は日本にいい政治は生まれないと思います。それは、いまだに百年の計というか理念をもっていないわけです。百年先にはこういう日本にするというものをもっていない。来年はこうする、再来年はこうするというものはあるけれど、百年の計はない。ところが、百年という年月のうちには、日本じゅうがすっかり変わってしまう。なぜかというと、今ある建造物は百年ももたない。社会の進歩が速いほど、そういうものの寿命は短い。

（『松下幸之助発言集』第44巻）

人間、「目標を持たない限り、永遠に物事は実現しない」。それは私の信念である。「願えば叶《かな》う。願わない限り、永遠に何も実現しない」のである。

国家もまた同じだ。「こんな国をつくろうではないか」との思い、目標を持たない限り、どんなに環境に恵まれても、どんなに条件が揃《そろ》っても、永遠に何も変わらないのだ。

例えば、「よし、富士山に登ってみよう」と思わない限り、ぶらぶら目的もなく歩いていたら、いつの間にか、富士山の頂上に立っていたということは、絶対ありえない。

その観点に立った時に、日本は、五十年、百年後の将来に向かって、どのような目標、計画、さらには夢を持っているかと自問自答したら、「ない」のだ。「ない」限りは、今よりも望ましい日本が実現することは、永遠に期待できない。

私たちが乗り込んでいる〝日本丸〟は、目標もなく、ただ動いているだけだ。こんな危ない航海はない。松下幸之助は、日本の政治に対して、そんな危機感を強く抱いていたのである。〝その日暮らしの日本〟に対する先行きの心配だ。それから既に四十年経つ。国家百年の計がないどころか、五十年計画もないから、

事態はまったく変わっていない。いや、ますます悪くなっている。

国家百年の計がなければ、国民の活動は個人主義に走り、国全体として力を発揮する機会もないし、達成感を味わうこともない。第一、教育が混迷を続ける。「こんな国になりたい」という目標が明確になると、「そのためには、目標を実現してくれる人を育てよう」と、まず考える。企業においても、会社としてめざす目標があるからこそ、それを実現していく人を育てようと考える。めざす方向がなければ、人を育てることはできない。あの山に登ろうと決めるから、その実現を可能にする人を育てようとなる。どこの山に登るか目標は決まっていないけれども、とにかく人を育てようというのが、日本の教育である。

まず、「百年後には、こんな日本を実現しよう」と、国民に向かって力強く方向を示せる政治家を一人、二人と増やしていくことが、当面の大きな課題だ。私は、その思いに立ち、松下幸之助が願った「国家百年の計に立つ政治の実現」に、自らの残された人生の時間を注ぎ込みたいと思っている。今のような〝その日暮らしの日本〟では、子供や孫たちが生きる時代に向かって、確かなバトンタッチができない。

私は個人的に、百年後の日本は、〝世界に冠たる命の国〟をめざすべきだと思っている。とりわけ、今回のコロナ禍《か》を経験して、世界から、「日本を見習おうではないか。日本人のような生き方をすれば、私たちの命は守られる」と尊敬の念をもって受け入れられる国づくりだ。

〝金儲けの国づくり〟の限界がはっきりと見えた今日、まさに、世界は、〝命の国づくり〟に向かって歩み始めると予感している。

Key Sentence

98

日本の伝統精神とは何か?

日本精神というのは、一つは〝主座を守る〟というか〝主体性をもつ〟こと、それと〝衆知を集める〟ということ、最後に〝和を貴ぶ〟こと、この三つだと思う。

(『松下幸之助発言集』第44巻)

今や、グローバル経営が当然のようにうたわれて、〝グローバルスタンダード〟がまかり通る。そして日本の伝統的な精神を堅持していることが、時代遅れのように思われる時代である。

しかし、日本の伝統精神を捨てて、グローバルスタンダードに合わせることが、本当の意味で、進んだ経営、革新的経営と言えるのであろうか？　私は、それこそ、まさに、〝自殺行為〟であるように思われてならないのである。

日本の企業が、日本の伝統的よさを捨てて、何を大切にしようとするのか、大いに疑問である。何もかもを世界の基準に合わせた時、すっかり日本の伝統精神が消えているとしたら、何のための〝グローバル化〟なのかと疑問に思わざるを得ない。

経済の舞台が〝グローバル化〟すればするほど、企業の精神は、〝ローカル化〟することによって存在価値を発揮できるのだ。〝ローカル化〟とは即ち、足場をしっかりとすることでもある。国籍不明は、根無し草とも言えよう。

そして、日本企業が足を置く日本には、世界的にまれな文化が純粋培養されてきた。一つには、大陸から離れた島国であったために、独自に自らの持つ文化を

一貫して守り切ることができたのである。例えば、中国には四千年の歴史があると、中国の人たちは誇らしそうに言う。しかし、四千年の歴史は、様々な王朝や民族が入れ代わり立ち代わり、主導権を握ってきたから、〝主座を保つ〟ことなど到底できないことであった。

衆知を集めると言っても、常に異民族とのせめぎ合いの中で、相手を信じて、相手の意見を取り入れることなど、自殺行為に等しい。常に周りの人たちを警戒し、少しも気を許さないことが大原則の国で、衆知など集めると危なくて仕方がない。

まして、〝和をもって貴しとする〟などは、周りを海に囲まれて、外敵に攻められることのほとんどなかった日本だからこそ求められる理想であって、世界のほとんどの国々は、常に軍事力を高めて、〝戦いをもって貴しとする〟国ばかりだ。

かつて、アインシュタインが日本に来た時、「やがて世界は日本に救われる時が来る」と言った。日本人は、日本の伝統の精神を大切に守り続けるとともに、世界の平和のために存在価値を発揮するような活動をすべきである。

松下電器は、かつて、「海外に工場をつくるのは、その国の繁栄に貢献するためである」と一貫した方針を貫いていた。そのために、相手国で成功すればするほど、相手の国の人たちから感謝されたのである。

Key Sentence

99

相手をくさしたことは一度もない

私は長いあいだ、企業の経営にかかわってきましたが、相手をくさしたことは一回もありません。「甲さんの品物もよろしおます。乙さんの品物もよろしおます。けれどもそういうことも、ちゃんとうちのこの品物の中に入っています」ということで売ってきたわけです。（中略）「あの店の品物はよろしおます。しかし、私のところもそれに負けないようにやっています」ということであればいい。一般に事業経営者は、あまり他業者を悪く言いません。しかしこと政治ということになると、みんなが悪く言いますね。あれはおかしいと思います。

（『松下幸之助発言集』第44巻）

この時の話を改めて読みながら、もし、松下政経塾の塾生たちが選挙に出る時には、「決して相手をけなさない」ということが最初の選挙の時から定着していたら、今頃、そのことが大きな信用になっていたのではないかと思う。

結局、塾長の話を聞きながら、話を、単なる話として終わらせてきたから、何も変わらなかったのである。当時、松下政経塾の運営の責任ある立場にあった私としては、大変に悔いの残る話だ。

松下幸之助は当時、「松下政経塾に信用が培われれば、君たちは選挙の時に資金がなくても、その信用で選挙に通るようになる」と、繰り返し教えていた。

政治の世界に精通した人はきっと、「相手を褒めるなんて、素人の理想論だ。そんな生やさしいことで選挙には勝てない」と一笑に付すだろう。しかし、政治の玄人が一笑に付すだろう試みが、本当に世間に受け入れられないかと考えたら、一概にそのように断定はできない。むしろ、政治の玄人が一笑に付すようなことこそ、業界の悪弊であり、変えるべき常識であるかもしれない。

その意味からも、我々は日本の政治を変えようと本気に取り組んできただろうかと深く反省させられた。政治家になることばかりに重きが置かれてしまい、日

本の政治を変えるという、塾創設の本来の使命がどこかに行ってしまっていなかっただろうか、大いに反省するところである。

私は今、その反省を昔話に閉じ込めて、「悔いが残る」といったかたちで締めくくらないつもりである。今からでも遅くない。「日本の政治を正す」という原点に立ち、今やれることをやる。行動を起こすことを、誓いたい。そこに目的がなければ、今回、『松下幸之助発言集』を読破した意味がない。

松下幸之助が、松下政経塾の塾生たちに話した最後の講話は、九十歳の時である。

「もう私は数え年でちょうど九十歳になります。とうに現職を辞めて、隠居してもいいはずです。いや、そうしなければいけないのかもしれません。けれども今は、そんな気持ちになれないのです。なれないというだけではなく、日本の政治なり国のあり方というものを再検討しなければならない。そういう思いで、今は頭の中がいっぱいなのです。この塾をやることの難しさを知りつつも、やらざるを得ない。そういうことで、全力を傾けてこの塾をやっているわけです」と言っている。

九十歳になろうかという人が、「政治や国のあり方を真剣に検討する」と決意を語っている姿に自らを照らし合わせて、これからの人生を『志』に懸けることを誓いたい。

Key Sentence

100

日本ほど素晴らしい国はない

今度生まれてきたら、また日本に生まれたい。そして日本の国をよくするために働けたら結構やなということを感じています。ほかの国に生まれるという気は全然ありませんな。日本ほどいいところはないと思うんです。二千年の伝統というものを顧みたら、たくさんいいところがありますもんな。日本の欠点を言う人もありますけれど。確かに欠点もあるけども、欠点以上にいいところがたくさんありますよ。

（『松下幸之助発言集』第15巻）

伝え聞くところによると、「松下幸之助発言集」全四十四巻（一巻は索引）の中で、一番、回数が多く出てくる言葉は「日本」だそうである。確かに、私も、三回読破したが、しばしば、「日本」「日本人」という言葉が出てくる。

松下幸之助は根本において、「日本ほど素晴らしい国はない」と確信している。基本において、「良い国に生まれ、すばらしい条件に恵まれ、誇り高い伝統精神を継承してきた」と信じているのだ。そのことは、ある意味で、松下幸之助の偉大な足取りを支えてきた、一番の柱とも言える。

松下幸之助によれば、人生の九割は、自分の努力ではどうにもならないと言う。それは即ち、「運命」である。生まれてくることも、男であり、女であることも、生まれる場所も、両親も、日本人であることも、すべては「運命」である。「運命」である限りは、それを前向きに受け止めることだと、私は学び取った。

「いい国に生まれて良かった」と信じる人は、日本人であることを〝まことに運が強かった〟と考えられる。〝良い時に生まれた〟、〝良い場所に生まれた〟といった考え方は、自らの命の存在、運命を喜んで受け入れることになる。人生が悪い方向に行くはずがない。

私が松下電器（現在のパナソニック）に入社した時、松下幸之助が新入社員の導入研修に登場、講話をした。その中で今でもはっきり記憶しているのは、「今日、家に帰って、両親に〝いい会社に入った〟と言える人は、将来は重役になれる」の一言だ。

当時は、それが大した教えだなどと、とても思えなかった。しかし、それから五十年以上の時間が経ち、「まさにその通りだ」と思えるようになった。

「日本はいい国だ。そのいい国に生まれて良かった。私は幸せ者だ」と考える。それが、日本人に生まれた幸せだろう。私たちは既に、生まれただけで、〝運の良い幸せ者〟なのだ。それを自覚しない人が多いことを松下幸之助は嘆く。とりわけ、若い人たちの間で、日本の良さを心から感じ取り、それが生きる自信になっているような人が極めて少ないことを憂う。

その一つは、戦争に負けたために、国民全体が日本人としての自信を喪失してしまったからだろう。また、学校教育においても、愛国心につながる考え方を否定する傾向が非常に強かった。その時代を実際に生きてきた私自身が、それを強く感じる。

豊かな自然、美しい景色、おいしく豊富な食べ物、海に囲まれた安全、豊富な水、温和な人々、そんなすべてが世界でもまれな〝良い国〟の証拠であり、私達の命の〝幸運〟を支えてくれているのだ。その証拠に、天皇を中心にして一度も国体が絶えなかった国は、世界でも日本しかない。

次の時代を生きる若い人たちには、是非そのことを分かってほしいというのは、松下幸之助の懸命な思いだった。それほど、現実には、「日本は良い国だ」と意識する若い人が少ないということである。まことに、国家としての大きな損失だ。海外に旅をしたり、住んだことのある日本人は、帰ってきたら必ず言う。「日本ほどいい国はない」と。

あとがき

五十三歳の夏のある日、私は、東京・御成門《おなりもん》にあった松下電器（現パナソニック）東京支社の役員応接室にいた。やがて、松下電器の相談役であり、松下政経塾の副理事長でもあった山下俊彦氏が入ってきた。挨拶もそこそこに本題に入るところは、いかにも山下さんらしい。

「君、松下政経塾での勤務は何年になる？」と聞かれた。私は、「間もなく十四年になります」と答えた。山下さんは一言、「長いな。松下に帰るか？」と言った。私は「えっ」としか言えなかった。松下政経塾の仕事に無我夢中で取り組んでくるうちに、この仕事を自分の〝天職〟のように思い込みつつある私にとっては、青天の霹靂《へきれき》だった。

瞬間、「一週間だけ時間をください。しばらく考えてみます」と答えた。山下さんは、「良かろう」と一言。私は、早々に部屋を出た。様々なことが頭の中を駆け巡った。それからいろいろな人の意見も聞いた。気持ちが落ち着くにつれて、

「この際、会社を辞めよう。そして、伝記作家の小島直記《なおき》先生に、繰り返し叩き込まれた〝人生のテーマ〟に生きよう」と心を決めた。安定した経済生活の保障されているサラリーマン生活から、一転して、裸一貫の生活に入る不安はまことに大きいものだった。

一週間後、山下さんに再び会って、「この際、退社して、松下政経塾時代に追い求めてきたテーマを、単身、やり続けます」と一気に伝えた。山下さんは、「別に会社を辞めなくともいいじゃないか」と驚いた様子で一言。しかし、ひとたび「辞めます」と伝えた瞬間から、腹は決まっていた。心なしか胸を張って、役員応接室を出た気がする。

私は、松下幸之助が八十四歳にもなって、日本の将来をひらくために政治を良くしたいという、已《や》むに已まれぬ強烈な思いを持った、その思いを微力ながらも引き継ごうと考えたのだ。今もなお、その思いは変わらない。誰に頼まれたわけでもないが、「松下幸之助の求めた〝志〟を、私自身も求める」生き方をしようと心に決めたのである。

松下幸之助は、いったい、何を求めて生きてきたのかを今回、改めて学び直し

た。今回、読破した『松下幸之助発言集』は、その意味で宝の山だった。松下幸之助思想の全貌《ぜんぼう》がつかめる気がした。それを一冊の本にまとめることができたのは、ひとえに致知出版社の藤尾秀昭社長と編集部の小森俊司さん、そして編集スタッフのおかげである。この一冊を手に、残された人生の時間、松下幸之助の求めたる思いを伝え続けていく覚悟をしている。その機会が与えられたことに、重ねて心から感謝したい。

令和四年十月吉日

上甲　晃

〈著者紹介〉
上甲晃——じょうこう・あきら
昭和16年大阪市生まれ。40年京都大学教育学部卒業と同時に、松下電器産業（現・パナソニック）入社。広報、電子レンジ販売などを担当し、56年松下政経塾に出向。理事・塾頭、常務理事・副塾長を歴任。平成8年松下電器産業を退職、志ネットワーク社を設立。翌年、青年塾を創設。同塾で25年にわたる指導を続け、約2000名に及ぶ若者たちを育ててきた。著書に『志のみ持参』『志を教える』『志を継ぐ』『松下幸之助に学んだ人生で大事なこと』『人生の合い言葉』（いずれも致知出版社）など多数。

松下幸之助の教訓

令和四年十一月二十五日第一刷発行
令和五年十二月三十日第二刷発行
著者 上甲 晃
発行者 藤尾 秀昭
発行所 致知出版社
〒150-0001 東京都渋谷区神宮前四の二十四の九
TEL（〇三）三七九六―二一一一
印刷・製本 中央精版印刷
落丁・乱丁はお取替え致します。 （検印廃止）

ISBN978-4-8009-1270-1 C0034
ホームページ https://www.chichi.co.jp
Eメール books@chichi.co.jp